近代经济生活系列

通货膨胀史话

A Brief History of Inflation in China

郑起东 / 著

社会科学文献出版社

SOCIAL SCIENCES ACADEMIC PRESS (CHINA)

图书在版编目（CIP）数据

通货膨胀史话/郑起东著. —北京：社会科学文献出
版社，2011.5
（中国史话）
ISBN 978 - 7 - 5097 - 1703 - 5

Ⅰ.①通… Ⅱ.①郑… Ⅲ.①通货膨胀 - 货币史 -
史料 - 中国 - 近代 Ⅳ.①F822.9

中国版本图书馆 CIP 数据核字（2011）第 075982 号

"十二五"国家重点出版规划项目

中国史话·近代经济生活系列

通货膨胀史话

著　　者／郑起东

出 版 人／谢寿光
总 编 辑／邹东涛
出 版 者／社会科学文献出版社
地　　址／北京市西城区北三环中路甲 29 号院 3 号楼华龙大厦
邮政编码／100029

责任部门／人文科学图书事业部（010）59367215
电子信箱／renwen@ssap.cn
责任编辑／赵晶华　东　玲
责任校对／李　敏
责任印制／郭　妍　岳　阳
总 经 销／社会科学文献出版社发行部
　　　　　（010）59367081　59367089
读者服务／读者服务中心（010）59367028

印　　装／北京画中画印刷有限公司
开　　本／889mm×1194mm　1/32　印张／5.5
版　　次／2011 年 5 月第 1 版　　字数／101 千字
印　　次／2011 年 5 月第 1 次印刷
书　　号／ISBN 978 - 7 - 5097 - 1703 - 5
定　　价／15.00 元

总　序

　　中国是一个有着悠久文化历史的古老国度，从传说中的三皇五帝到中华人民共和国的建立，生活在这片土地上的人们从来都没有停止过探寻、创造的脚步。长沙马王堆出土的轻若烟雾、薄如蝉翼的素纱衣向世人昭示着古人在丝绸纺织、制作方面所达到的高度；敦煌莫高窟近五百个洞窟中的两千多尊彩塑雕像和大量的彩绘壁画又向世人显示了古人在雕塑和绘画方面所取得的成绩；还有青铜器、唐三彩、园林建筑、宫殿建筑，以及书法、诗歌、茶道、中医等物质与非物质文化遗产，它们无不向世人展示了中华五千年文化的灿烂与辉煌，展示了中国这一古老国度的魅力与绚烂。这是一份宝贵的遗产，值得我们每一位炎黄子孙珍视。

　　历史不会永远眷顾任何一个民族或一个国家，当世界进入近代之时，曾经一千多年雄踞世界发展高峰的古老中国，从巅峰跌落。1840 年鸦片战争的炮声打破了清帝国"天朝上国"的迷梦，从此中国沦为被列强宰割的羔羊。一个个不平等条约的签订，不仅使中国大量的白银外流，更使中国的领土一步步被列强侵占，国库亏空，民不聊生。东方古国曾经拥有的辉煌，也随着西方列强坚船利炮的轰击而烟消云散，中国一步步堕入了半殖民地的深渊。不甘屈服的中国人民也由此开始了救国救民、富国图强的抗争之路。从洋务运动到维新变法，从太平天国到辛亥革命，从五四运动到中国共产党领导的新民主主义革命，中国人民屡败屡战，终于认识到了"只有社会主义才能救中国，只有社会主义才能发展中国"这一道理。中国共产党领导中国人民推倒三座大山，建立了新中国，从此饱受屈辱与蹂躏的中国人民站起来了。古老的中国焕发出新的生机与活力，摆脱了任人宰割与欺侮的历史，屹立于世界民族之林。每一位中华儿女应当了解中华民族数千年的文明史，也应当牢记鸦片战争以来一百多年民族屈辱的历史。

当我们步入全球化大潮的 21 世纪，信息技术革命迅猛发展，地区之间的交流壁垒被互联网之类的新兴交流工具所打破，世界的多元性展示在世人面前。世界上任何一个区域都不可避免地存在着两种以上文化的交汇与碰撞，但不可否认的是，近些年来，随着市场经济的大潮，西方文化扑面而来，有些人唯西方为时尚，把民族的传统丢在一边。大批年轻人甚至比西方人还热衷于圣诞节、情人节与洋快餐，对我国各民族的重大节日以及中国历史的基本知识却茫然无知，这是中华民族实现复兴大业中的重大忧患。

中国之所以为中国，中华民族之所以历数千年而不分离，根基就在于五千年来一脉相传的中华文明。如果丢弃了千百年来一脉相承的文化，任凭外来文化随意浸染，很难设想13亿中国人到哪里去寻找民族向心力和凝聚力。在推进社会主义现代化、实现民族复兴的伟大事业中，大力弘扬优秀的中华民族文化和民族精神，弘扬中华文化的爱国主义传统和民族自尊意识，在建设中国特色社会主义的进程中，构建具有中国特色的文化价值体系，光大中华民族的优秀传统文化是一件任重而道远的事业。

当前，我国进入了经济体制深刻变革、社会结构深刻变动、利益格局深刻调整、思想观念深刻变化的新的历史时期。面对新的历史任务和来自各方的新挑战，全党和全国人民都需要学习和把握社会主义核心价值体系，进一步形成全社会共同的理想信念和道德规范，打牢全党全国各族人民团结奋斗的思想道德基础，形成全民族奋发向上的精神力量，这是我们建设社会主义和谐社会的思想保证。中国社会科学院作为国家社会科学研究的机构，有责任为此作出贡献。我们在编写出版《中华文明史话》与《百年中国史话》的基础上，组织院内外各研究领域的专家，融合近年来的最新研究，编辑出版大型历史知识系列丛书——《中国史话》，其目的就在于为广大人民群众尤其是青少年提供一套较为完整、准确地介绍中国历史和传统文化的普及类系列丛书，从而使生活在信息时代的人们尤其是青少年能够了解自己祖先的历史，在东西南北文化的交流中由知己到知彼，善于取人之长补己之短，在中国与世界各国愈来愈深的文化交融中，保持自己的本色与特色，将中华民族自强不息、厚德载物的精神永远发扬下去。

《中国史话》系列丛书首批计 200 种，每种 10 万字左右，主要从政治、经济、文化、军事、哲学、艺术、科技、饮食、服饰、交通、建筑等各个方面介绍了从古至今数千年来中华文明发展和变迁的历史。这些历史不仅展现了中华五千年文化的辉煌，展现了先民的智慧与创造精神，而且展现了中国人民的不屈与抗争精神。我们衷心地希望这套普及历史知识的丛书对广大人民群众进一步了解中华民族的优秀文化传统，增强民族自尊心和自豪感发挥应有的作用，鼓舞广大人民群众特别是新一代的劳动者和建设者在建设中国特色社会主义的道路上不断阔步前进，为我们祖国美好的未来贡献更大的力量。

陈奎元

2011 年 4 月

⊙郑起东

作者小传

　　郑起东，1947年生，湖北秭归人，中国社会科学院近代史研究所研究员。1985年毕业于中国社会科学院研究生院，获历史学硕士学位。同年来近代史研究所。2001年，任美国哈佛大学、斯坦福大学访问学者；2004年，任经济史研究室主任。2006年，任国家清史纂修工程交通志主持人。

　　专著有《转型期的华北农村社会》等；论文有《清末"振兴工商"研究》《清政府镇压太平天国后的让步政策》《农民负担与近代国家财政体制》等。

目　录

引　言

　　纵观近代百年中国经济发展的历史，我们可以看到，通货膨胀的阴影总是伴随着社会制度的更替、经济制度的转换和经济政策的重大变动，时隐时现，时起时伏。有时兴风作浪，持续危害，摧残了经济，拖垮了政府；有时戛然而止，销声匿迹，实际是潜伏一时，伺机待动，以求一逞。为了制服这一不可捉摸、难以驾驭的经济怪物，我们要闻迹寻踪，追索历史，探其本源，研究对策，从而吸取历史上通货膨胀的惨痛教训，普及通货膨胀的知识，为改革开放和经济发展服务。

一　清政府与通货膨胀

　　清末，发生过两次大规模的通货膨胀。咸丰、同治年间的通货膨胀，是近代国民经济史上出现的第一次通货膨胀，从 1853 年起延续了十多年。它主要是在镇压农民起义军的战争时期滥发票钞和滥铸铜铁大钱引起的，这是清朝政府加紧财政经济搜刮造成的后果之一。另一次通货膨胀发生在八国联军进京，义和团运动失败，辛丑条约签订之后。巨大的战争赔款造成了清政府空前的财政危机，清廷因见广东铸造铜元已著成效，乃令沿江沿海各省设厂仿铸。各省当局大都知道铸造铜元可以获利，欣然应命。于是各省造币厂纷纷成立，大铸铜元。起初因所铸无多，极为人民所乐用，后因铸局太多，铸额过巨，形成了严重的通货膨胀。

大钱、官票、宝钞的发行和崩溃

　　咸丰初年，清朝财政困难，为了筹集镇压太平天国起义的军费，"移缓就急，提后尽前，罗掘之方，实已无微不尽"，仍然不能供应军需。在前线镇压起义的清军，"需用军饷，请拨孔急"。由于太平军先后占领长江中、下游地区，军威所及，各省地丁、盐课、关税、杂赋都无法照旧征收，以致地丁多不足额，税课仅存虚名。咸丰三年（1853）以后，随着战区不断扩大，清朝统治区日益缩小，原有各项税课每年收数较之旧额平均不到十之四五，而政府各种财政开支，几乎是成倍地增长。于是，清政府开始卖官鬻爵筹集官饷。"捐输"开办三年之后，收入大减于前。"捐输不可恃，乃乞恩于内帑"，将内务府所藏的金钟、铜器大批熔化，尽可能移做官饷。此外补苴之术，如停养廉、开银矿、提当本、收铺租，不下数十款，"或只宜一试，或收效尚迟"。可以说，有尽之经营，断不能给无厌之呼请。清朝财政大臣为了筹集军饷，实已无孔不入，而部库万分支绌，已到了山穷水尽的地步。

在财政危机空前加重的形势下，"滇铜亦因道梗不至"，铸造制钱的币材空前紧张。封建统治集团内部有人提出改革货币制度，聚敛社会财富的主张。清政府接受了这一主张，把发行票钞，铸造大钱，实行通货膨胀政策，作为应付军事财政开支的重要手段。

首先，滥铸劣质铜铁大钱，滥发银票、宝钞等不兑现纸币，由封建国家强制通用。

咸丰三年（1853）三月，开铸当10铜大钱，每枚重6钱。当10大钱与同币值的制钱相比，减重40%至50%。此后，大约在一年多的时间里，陆续开铸的铜质大钱有当5、当10、当20、当50、当100、当200、当 300、当 400、当 500 和当 1000 等 10 种。此外，还铸有当 1、当 5、当 10 等三种铁、铅大钱。京城之外，直隶、山东、河南、福建、广西、甘肃、陕西、云南、湖南、湖北、热河、四川、江苏和浙江等省也陆续开铸。到咸丰四年（1854），大钱的铸造达到了高峰。

一般说来，铸造铜铁大钱的面值愈大，铸造利益也就愈多。以铜大钱的铸造工本和额面法定价值比较来看，如当 1000 铜大钱额面规定每枚等于制钱 1000 文，作为金属货币，其金属比价实际只等于制钱 38 文，强制增值 962 文，每枚可以使户部增加铸钱收入 886 文，即净利为工本的 7.8 倍。当时官府报告也不得不承认，鼓铸铜大钱利厚，如当 100 文者可以一本二利，当 50 文者可以一本一利。

铸造铁大钱，因为它的金属比价低，铸钱收入更多。据当时官府计算，铸造铁钱扣除铁炭料物人工费用，每炉每日约可获盈余合制钱 2~3 万文。

同时，在各地纷至沓来的请饷奏折催迫之下，清政府于咸丰三年正月十九日（1853 年 2 月 26 日）匆忙决定发行钞币。咸丰皇帝令左都御史花沙纳、陕西道御史王茂荫会同户部妥议章程，而后经过近一个月的反复讨论，发行官票章程很快出笼。同年十一月又公布了宝钞章程。"官票"又称"银票"，是以库平银两为单位的钞币；"宝钞"又称"钱钞"，是以制钱钱文为单位的钞币。二者合称"官票宝钞"或"银票钱钞"，简称为"钞票"。从此以后，在日常生活中，"钞票"遂成为纸币的代名词，中国经济词典中又添了一个新词。

咸丰三年二月二十七日（1853年4月5日）户部拟定的试办银票章程获准施行，经过一番紧张筹备之后，五月二日（6月8日）开始加紧印制，到六月三十日（8月4日）按章印完第一批12万两银票。银票用高丽纸制成，分为1两、5两、10两、50两四种，分别以《千字文》"天地宇宙"四字号头依次排列。票四周用龙水纹，花纹笔画皆为蓝色。中部顶端印有"户部官票"四字，兼用满汉文字。下为准二两平足色银若干两，银数用大字墨戳。左为某年某月某日，右为某字第某号，用墨笔填写。下边方格内镌小字八行，文曰："户部奏行官票，凡愿将官票兑换银钱者与银一律，并准按部定章程搭交官项，伪造者依律治罪不贷"。数额上盖有"户部官票永远通行"方形印记，骑缝处盖有"户部官票所关防"长方形印信，均为满汉文合璧。第一批12万两银票在京城搭放时，太平天国北伐军已经越过黄河天险，羽檄纷驰，清军兵饷刻不容缓，户部顾不得观察银票的试行结果，又加紧印制了大批银票，总数为200万两，18万张，其中增加了一种面额为3两的银票。

七月二十一日（8月25日）经咸丰帝批准，户部开始在全国范围内正式推行银票，对原来的试办章程做了一些修改。其一，户部直接下发各地粮台的银票分为五种，分别以"仁义礼智信"编排为1两、3两、5两、10两和50两；经由各省藩库发放的银票也是五种，分别以"宫殿盘郁楼"为字头排列，票面按省名加用红戳。其二，由户部直接颁发各地粮台 25 万两票银，2.25 万张；经各省藩库发行的票银是 175 万两，计 15.75 万张。共颁行票银 200 万两，大小票 18 万张。其三，搭收搭放比例改为银钞各半。其四，为了维持银票的最初信用，将原来准备下放的二成实银移到官钱局，作为兑换的"本钱"。但规定只准兑现钱文（后来只能兑换贬值的大钱），持有银票的人不准到官钱铺兑换银两，但允许在私钱铺兑换银两和制钱。而事实上，手持银票往官钱局兑现，连制钱也很难兑换，因为官钱局不仅白银缺乏，连制钱也严重不足。

咸丰钞币的发行从一开始就不顺利。银票搭放不久，给事中英绥便报告说，近日户部发放的俸银官票约六七万两，初发出时商民尚且乐于行用，后因官钱铺号称户部无本不肯兑换，于是商人观望，用者渐少。有持票向官钱铺理论，要求兑换者，官钱铺声言任人告发，自有户部做主，果然，户部不久即有不必专归官钱铺收买的用印告示张贴于官钱铺门首。于是，众目咸观，相顾骇愕，相约不再收用官银票，因此，官票几乎成了废纸。京城能够领到官票的人家，有权势的将官票搭交捐输，没有多大损失；无权无势而又依靠俸银生活的人，手持银票，无处可以易钱，只好贱价售于不法商人，由他们去进行非法活动。这是银票刚刚发行时的情况。

银票甫经发行，即形壅滞，却未能使热心推行钞币的人清醒过来。他们或者认为需要制定法律，强制流通；或者认为银票数额太大，难于市场交易，建议

印制以钱文为单位的钞币。同年九月十八日（10月20
日），由惠王绵愉主持，召开了军机大臣、户部堂官会
议，专门研究银票发行情况，决议印刷钱钞，济银之
穷，通钱之用，当即得到皇帝的批准，下令由户部制
造钱钞，颁发中外，与现行银票相辅通行。十一月十
七日（12月17日），户部拟定"宝钞章程"18条，十
一月二十四日（12月24日）即得到批准。十二月初
二（12月31日）即印制成一批钱钞。咸丰四年
（1854）初，"取之而不尽，用之而不竭"，旨在搜刮
民财的宝钞正式开始搭放。宝钞用俗称双钞纸的厚白
纸制成，分为500文、1000文、1500文和2000文四
种，钱数由刻印而成，也按《千字文》"天地宇宙"
字号排列，"每字自1号至1万号止，接用日月盈昃，
以次递推"。宝钞四周环饰花纹，上部为双龙戏珠纹，
下沿为波浪纹，左右及顶端为云纹。正上面为"大清
宝钞"四字，两旁各书"天下通行"、"均平出入"，
花纹笔画都用蓝色刷印。正中为准足制钱若干文，右
为某字第某号，左为某年制。某字及某号用墨戳钤补，
某年字则用蓝色木戳钤。下方长方形格内书写"此钞
即代制钱行用，并准按成交纳地丁钱粮一切税课捐项，
京外各库一概收解，每钱钞二千文抵换官票一两"。

因为印制各种面值的银票和宝钞，工本花费尤少，
如宝钞一张，工本仅需制钱1文6毫，这就使票钞造
百万即有百万之利，造千万即有千万之利。于是清政
府自咸丰四年（1854）初开始搭放宝钞，到二月下旬
就投放了一百数十万串。

十分清楚，这些通货不论是作为铸币的大钱，还是纸币的票钞，它们之所以保持巨额的面值，完全是由封建国家任意强制增值的结果。

当这些通货投放到流通界中，又按照战前通用的银两和制钱以一定折合率，由国家强制通行。

根据当时法令规定：铜大钱、铁钱仍按制钱计算，每2000文折银一两，银票一两抵钱2000文，宝钞2000文抵银一两，与大钱、制钱"相辅而行"。同时还规定：凡民间完纳地丁、钱粮关税、盐课及一切交官款项，按规定成数的银票或宝钞交纳，零星小数以当100文、当50文大钱凑交；文武官俸及各项工程也按一定成数的银票或宝钞发给。至于铜铁大钱与制钱的收放，也有规定的搭配成数。

事实上，封建官府在日常收付中始终采取多放少收，甚至拒收的手法。收纳课税最初规定实银和票钞各半，后来改为按银七票三的比例搭收，实际尽可能多收现银，少收或拒收票钞。如在京城，凡有收项的各衙门，对商民交纳票钞，均不肯按照奏定成数收受，有以钞票搭交者，往往掷还不收，意在多收实银一成，即有一成实银之用。甚至崇文门收税，火器营收捐，内务府收地租，大兴、宛平收地丁，或者全不收钞票，或者只收一二成，收后立即用银买钞票，按五成的比例上缴。因为纹银一两可换制钱两千四五百文，而以钱买钞票只需2000文，每两可获利四五百文，所以不肯收钞票，或只收一二成。在京外如直隶、河南等省各州县征收钱漕税课，百姓欲搭交官票而官绝不允许，或收现银或照现在银价核收现钱。在大钱方面也是一样，最初规定实钱 1000 文只交制钱 200 文，其余以八成大钱搭配，后来改为每 1000 文以大钱 900 文、制钱 100 文搭配。而在江苏各地，征收地丁、钱粮、盐课、关税，官府只收银与制钱，老百姓有以大钱输纳的，一概退回不收。不难看出，这种"但放不收"的掠夺性是十分露骨的。

其次，为了推广大钱、银票、宝钞，户部于咸丰三年（1853）四月在京城奏准设立了第一批官银钱号即乾豫、乾恒、乾丰、乾益，俗称"四乾官号"，目的是用户部宝泉局和工部宝源局所铸钱文作为"票本"，发行"京钱票"，用以发放八旗兵饷。咸丰四年（1854）十月第二批"五宇官号"即宇升、宇恒、宇谦、宇泰、宇丰的设立，是为了发行"京钱票"，以便收兑宝钞。户部之所以采用官银钱号的经营形式，是因为在当时的现实经济生活中有成例可循。像在京城和各省城市中，有许多民营银号、钱庄除发行"会票"、"期票"外，并经常发行"银票"、"钱票"。内务府从 1845 年起，就在京城设有天元、天亨、天利、天贞、西天元五座官号，仿效民铺行使银钱各票，运用发行所得利息，作为内务府进款，以增加皇室收入。因此，当筹议第一批官号时，清朝统治者就认为京钱票兑换券的发行，乃是一个不必抑勒驱迫，而财源已裕于不觉的办法，可以与大钱、票钞等的强制通用相辅而行。并且考虑到，发行之初，商民必定纷纷取用现钱，因而必须先示商民以不匮之钱，然后，一等到京钱票稍为流通开来，就把作为兑换票本的实钱收回，这表明一开始就准备做空头发行。乃至第二批官号设立后，才进一步使大钱、铁钱、宝钞与官银钱号的京钱票联系在一起，并导致宝钞和京钱票两种纸币一齐扩大发行。

清政府在京城设立官银钱号，推行大钱、宝钞，认为已有成效，实在是裕国便民的良法，"久久行之，利国利民于无穷尽也"。于是，命令各省"参用京城办法一律通行"，并于咸丰四年（1854）五月再次命令各省速立官钱局。从1853年至1855年，京外各省如福建、陕西、江苏、云南、四川、山西、热河、直隶、湖北、江西、浙江、山东、河南、安徽、吉林、甘肃等省城或重要府县，都先后成立了这类官银钱局，招商承办官钱票，发行"局票"，推广大钱票钞。

但大钱甫经发行，即因"折当过甚"、"有整无散"，且铸造中偷减工料而不能畅行。如京城宝泉局铸造的大钱，六月间，尚且光洁厚重，至七月间全经过锉边，而且其中有大量破缺的钱。直隶宝蓟局则减轻铸钱分量，当1000文原重5钱，减铸为3钱5分，同时还削减了铸钱的工序，以致散放时商贾不肯行使，兵役不愿承领，甚至引起商民罢市。大钱发行以后，还不到一年的光景，盗铸纷起。通州所管辖的张家湾以及长辛店附近的西山之内都有私炉鼓铸，甚至明目张胆，公然设炉于白昼闹市之中。地方官畏其人众，不敢查问，这是因为制钱每1000文重120两，熔化可得铜60两，用来铸造当1000文的大钱，可铸造30枚。

获利达 29 倍。利之所在，人尽趋之，以致京城炉匠所用的风箱、沙罐都纷纷涨价。

当时，华北各地私铸及贩运盛行，甚至在北京城内，正阳门外也有人私铸，已经威胁到清政府的统治。咸丰四年六月二十四日和二十六日（1854 年 7 月 18 日和 20 日），清廷接连两次发布上谕，督催刑部从重拟定私铸及阻挠大钱行使者罪刑。例载私铸铜钱 1 万文以上，或虽不及 1 万文而私铸不止一次者，为首及匠人俱拟斩监候；为从及知情买使者，俱发新疆给官兵为奴。其铸钱不及 1 万文者，首犯匠人俱发新疆给官兵为奴；为从及知情买使之犯各减一等。至此，各加一等，私铸当 100 以下大钱案内，为首及匠人如数在 1 万文以上，及虽不及 1 万文而私铸不止一次者，即行正法，私铸仅一次，而为数又在 1 万文以下者，仍问拟斩候，入于秋审情实，即无论钱数、次数，皆处以死罪。对于为首阻挠任意折算的商民人等，于违制杖 100 罪上从重加 3 等，拟杖 80，徒 2 年，再加枷号 2 个月；为从，杖 60，徒 1 年，加枷号 1 个月。

清廷虽屡颁严刑峻法，却遏止不住私铸狂潮。时至咸丰五年（1855），通州所管地方及长辛店附近，西山之内，仍有私炉窃铸当 10 大钱。通州、霸县、大兴、榆林等州县屡获私铸人犯。行使大钱照旧任意折算，官铸的大钱按七成折算，私铸的大钱按四五成折算，甚至议论沸腾，一概不使用大钱。而私造小钱，俗名"水上漂"的，反而通行无阻，较大钱易用，以致兵民虽有大钱，无处买物，困苦不堪，甚至有手持大钱站在道路上痛哭的。因大钱行使不便，铁钱不能使用，屡次发生护军、苏拉（清代内廷机构勤务人员）、官学生扣阍（即拦舆告御状）事件，甚至宗室亦有纠众横行、劫夺仓米、犯案累累者。铁钱的发行，使社会秩序混乱到了极点。银票和宝钞的发行，也引起了社会震动。清政府将大批不能兑现的钱钞强制投入流通，阻塞了流通渠道，引起了市场混乱。京城大商小贾奔走相告，普遍担心毕生贸易所积锱铢，异日悉成废纸，拒绝使用钱票，或故意提高价值，或以货尽为由拒绝出售。人们持钞入市买不到急需物品，只好折价兑换，刚刚发行的宝钞 1000 文，在市场上的购买力仅相当于七八百文制钱。在京城生活的八旗兵民别无生计，所领钞票不能买物，生活骤形困窘。如果强欲买物，必致争吵，滋生事端。因市场混乱，终日吵闹不休，当时人称"钞票"为"吵票"。

票钞的发行给各级官吏造成了贪污的绝好机会。京城各衙门和外省各州县之所以不收票钞，目的是借买票以肥己。京城各衙门以银买钞票，按五成抵交抵放，纹银一两可换制钱二千四五百文，而以钱买钞票只需 2000 文，每两可获利四五百文。获利如此之巨，以致户部井田科也出现收受旗租，抵换钱票的案件。各省则百姓之完纳仍是用银，州县之报解则以银易钞。以当时银价与钞价计算，每银一两可易钞一两二三钱。直隶河间府景州征收地丁，钞银一两按京钱 4000 文一概勒迫折收制钱，然后贱价收买景州营钞，每钞银一两按京钱 2000 文收买批解。贪官污吏借大钱宝钞营私舞弊，进一步加强了对广大农民的剥削，也激起了广大农民的反抗。咸丰六年（1856），直隶发生秀才马国枢进京控告州县征收钱粮不收宝钞之案，河南省则抗粮杀官纠众之案层见叠出。

大钱和钞票的行用造成了严重的通货膨胀，尤其以北京为最。咸丰四年（1854）夏天麦子大丰收，七月，北京城外每斤麦面不过制钱十六七文，而城中则每斤售价为三十七八文，其他各种食物也同样昂贵。其原因是，清政府在京城内强制推行大钱，而畿辅州县尚未通行，农民运麦入城换回大钱不能使用，因而裹足不前，使外来粮食日益减少，粮店因而纷纷歇业。南城数日之间，粮食铺关闭 50 余家。物价昂贵异常，兵民益形困苦，京城军民身无衣、肚无食者不知多少。各种铜大钱发行不久，城乡交易或任意折算，或径行不用。如当 1000 文大钱只作七八百文或五六百文售用，当 500 文大钱作三四百文售用，因为折当过多，私铸益众，窒碍难行。当 1000 文、当 500 文大钱被迫于咸丰四年（1854）七月以宝钞收回，当 200 文、当 300 文、当 400 文的大钱也同时停铸，当 100 文、当 50 文的大钱于 1855 年停铸，其后市上流通的只有当 5、当 10 两种大钱。

咸丰五年（1855），清政府为了强制推行当 10 铜铁钱，颁布法令，规定："嗣后无论何项买卖，及赎当、还债，均令将铜铁当十钱文与制钱一律使用，不准藉口挑斥，阻挠不使，其银市交易，尤不准另定价值，致大钱制钱互有低昂"，并派巡防兵役各处认真访拿。尽管如此,京城大小铺户及各项买卖,于当 10 铜钱借口花漏,百端挑剔,不肯一律行使,旬日之间,又间有挑拣铁钱者,间阎颇形纷扰。

由于市民对于铁大钱多不愿使用,咸丰七年(1857)正月,为了强制推行当 10 铁大钱,清廷再次发布上谕,重申咸丰五年章程规定,不行使铁钱者,"初犯者枷号示众,再犯者发极边烟瘴充军,遇赦不赦"。但当即遇到京城商民的抵制,所有米店及零卖食物铺户大半关闭,纷纷罢市。受害最深的还是贫苦的市民,若以当 10 铁钱买物,则得滥恶货物。即如白面一项,如用当 10 铁钱购买,不但价昂 5 倍,而且商人竟于面中掺杂,至令不堪食用。佣工者每日所得钱文,竟不能供一日之饱,时有情急自尽者。

当 10 铜大钱也遭到了铁大钱同样的命运。直隶强制命令,交易可以行使大钱三成,而市面上即索价加三成,暗中折算除去三成大钱不计。京城商民挑剔当 10 铜钱愈出愈奇,贫民持钱入市,每大钱 1 串,可用者不过二三百文。清廷再次发布上谕,著以严刑推行铜当 10 大钱。然而,枷责既不知畏,劝谕亦复罔闻。这种对当 10 铜钱折二折三的情况,一直持续到咸丰八年(1858)。咸丰九年(1859)四月间,当 10 大钱竟达到当 1 文大钱使用的地步。直到八九十年代间,京城虽仍行使当 10 铜大钱,但每枚仅抵制钱 2 文而已。至于银票、宝钞,因为清政府采取了不兑现、无限制滥发的货币政策,在短短 10 年内,银票发行 980 余万两,宝钞发行 2711.3 万串,致使银票和宝钞同铁大钱一样，也未能逃脱被废除的噩运。至咸丰九年（1859），银票1两在市场上的购买力不及实银2钱5分，价格跌落了75%以上。至咸丰十年（1860），宝钞每枚值京钱300文，银票每两值京钱400文。京钱每2文相当于制钱1文，即每钱钞的1000文相当于制钱100文或150文，而每两银票相当于制钱200文，价值均下跌了90%左右。

在华北各省，银票和宝钞贬值更显得急剧。在河南省城，咸丰五年（1855）夏，官票银1两仅能易制钱四五百文，宝钞1000文开始尚能兑换制钱八九百文，到了秋天，只能兑换制钱四五百文，商民尚且不肯收买。在直隶各属，由于大力推行官票、宝钞，使票钞大量散归于商民手中。到咸丰七年（1857）时，这些虚票的价值率多折减。至咸丰十年（1860），省钞每串不过值京钱100余文，合制钱不过几十文；在河东道所在的山东济宁州一带，宝钞开始行使时，每1000文尚可易钱六七百文，咸丰七年（1857）时，仅易钱200余文，到咸丰八年（1858）春，随着价值日低，全部成为废纸。

由于银票和宝钞发行彻底失败，咸丰十年（1860）春，惠亲王绵愉会同军机大臣、户部堂官联合上奏，承认"造钞无已，弊端百出"，决定停止所发钞票，得到皇帝的批准。但是，钞票的停止同它的发行一样，也给人民带来了巨大的灾难。

首先，因为户部先张贴告示，宣布将废钞票不用，使民间惶惶不安，纷纷把手中的钞票抛向市场，使票价暴跌，银票几乎成为废纸。宝钞则由每1000文兑换制钱五六十文，很快跌至十余文，后来干脆都不再使用。第二，清政府拒收大量贬值的钞票，以种种借口推托回收的责任。咸丰十一年（1861），因商人以户部官号为名，畅开私票，清廷谕令罚款清理，并于同年撤销宝钞总局分局。但民间因为京内外官吏的抑勒，每1000文宝钞回收时价值不到发行时的10%，使商民蒙受巨大的损失。

同治元年（1862）十一月，清廷正式下令：将直隶、山东、四川、河南等省应征地丁、旗租及各关税课全行停止征收钞票，改收实银。所有已发银票，由京外捐局陆续收回。实际上，这些银票大部分已退出流通，即使未退出的银票也不可能完全以纳捐的形式收回。同治七年（1868），银票停止截清，计原造922.12万两，收回的只有328万余两，未收回的有近600万两。清政府借口"业已愈限"，宣布"一概作为废纸"，成了清政府制造恶性通货膨胀的红利。

 滥铸铜元及其贬值

清末铸造铜元始于广东，本意在于挽救钱荒，维持早已敝坏的钱法。光绪二十六年（1900），广东首先试铸每枚当制钱10文的铜元，投入流通领域后受到社会的欢迎。接着福建也仿铸成功。一方面由于所铸铜元通行市肆，民间称便，另一方面由于铸造铜元的机构可以获取20%至30%的利润，作为地方政府财政来源的补充；在清政府关于沿江沿海各省仿铸铜元的命令下达后，各省向外国纷纷采购铸币机器和铜斤，准备开铸铜元。至光绪三十一年（1905），铜元开铸已有17省，设局多至20余处。光绪二十八年（1902）以前，全国用于购买铜斤的经费不过200万海关两，光绪三十年（1904）增至700多万两，光绪三十一年（1905）激增至2100多万两，购买的铜斤高达7万余担。铜元的产量因而急剧增加，清末滥铸的铜元究竟有多少，清政府也没有确数，只是在宣统二年（1910）四月，由度支部报了一笔糊涂账："铸数值银约在一百兆以上"。当时，据度支部的调查，银元每元合铜元135枚，即按100兆两计，则所铸铜元约合187.5亿枚。此数虽比梁启超所估140亿枚为高，然远不止此，因此数尚不包括宣统三年（1911）所铸数。据民国二年（1913）12月财政部泉币司的调查，大小铜元铸行之数已达290亿枚，所以清末铜元铸造额至少应有200亿枚之多。那么，清政府利用货币的名义含量与实际含量相分离，究竟从人民身上掠取了多少财富呢？据《申报》的估计，光绪二十九年（1903）十一月时，铸造铜元的利润与成本之比为59.65%，与光绪三十年（1904）六七月江苏巡抚、两江总督所奏江苏省铜元局与江宁银元局铸造铜元的利润与成本之比相近。据《东方杂志》的估计，光绪三十一年（1905）九月，铸造铜元的利润与成本之比为34.07%，而梁启超于宣统二年（1910）的估计为25.19%，少于以上诸估计，这是由于铜元日多，价值日跌，余利亦日薄的缘故。即折中以 34.07% 计，据同期《东方杂志》估计："每日如铸百万，每年（大小月歇工）除净三百二十日，共三万万二千万个，可得余利漕平银七十七万七千九百二十两（就令银价再贵，亦必有七十万两之外）"。那么，200 亿枚铜元的余利至少达漕平银 4375 万两之多。

清政府滥铸铜元，为私铸大开方便之门。开始铸造铜元的时候，清政府认为铸造铜元，必须使用机器，因为成本高，伪造非常困难，可以杜绝私铸私销的弊病。然而，事与愿违。随着清政府滥铸铜元，私铸应运而起。首先，由于铸局过多，所铸成分和式样殊难一致。如广东省铸造铜元用紫铜 95%，白铅 4%，点锡 1%；而奉天省用紫铜七成，白铅三成。式样上则各省龙纹形态不一，字数多少不等，更因各省当局意在图利，使铜的成分和重量逐渐减少，即使是币面的花纹，后铸的也不如前铸的精细工整。铸造开始的时候（1903 年），清政府命令各省一律铸造红铜元，以昭划一，但有些省份并不遵办，如江苏省、四川省、湖南省先后于光绪三十一、三十二年（1905、1906）开铸黄铜元，四川省黄铜元竟铸至两亿枚之多，这种情况无异于为私铸大开方便之门。其次，铸造铜元，旨在摆脱财政危机，并无规划币制远谋，因而采取了开门揖盗、引狼入室的做法，采用日本铸造的铜板，以图省工，一经印花，便可行使，满以为是一本万利，结果此后日本商人大收中国制钱，铸成铜板，到华销售，并且制成手摇私铸机器向中国贩运，甚至在租界大张旗鼓地进行私铸。天津、上海租界公然每天运输大量

铜板到埠开炉铸成铜元，市价每两换 130 枚铜元，日本商人则以每两 150 枚卖与华人。铜元上想用哪一省的省名字样，马上有伪造钱模仿制。私铸铜元往往经轮船、火车源源载运，动辄千数百万，即使海关税卡的官吏和员役也不敢查问阻拦，于是货物的行情清政府已不能自主，而货币流通业已受帝国主义控制。至此，私铸已不仅是贫民求生的手段或豪强致富的奇策，它已经成为帝国主义经济侵略的组成部分。对此，清政府束手无策，唯恐稍有不慎，动成交涉，只有咨照外国公使一途，其后果不问可知。山东巡抚袁树勋描述私铸的情势说，官枉法则遭到奏参查抄，民违法则遭到籍没监禁，然而私铸仍踵顶相望，络绎不绝。私铸的铜元有的用外洋运到的铜坯制成，有的用手摇机器轧成。北洋大臣杨士骧也哀叹说，手摇机器，全国各地几乎所有的地方都有。私铸铜元"模式相同，万难辨认"。

当时，不仅民间背着官府私铸，甚至各省也背着中央私铸。光绪三十一年（1905）七月二十一日，清廷颁布《整顿圆法章程》，声明：各省由户部考察铸造的情形，分别饬令暂停。然而时隔三月，浙、闽两省不但未遵令停止，反而竭力加紧铸造贩运。再如江苏苏州铜元厂，早经财政处和户部奏定限制铸额每日 30 余万，而该处每日竟铸至百万之多。当时便有人感慨地说，以前盗铸的人都是老百姓，而现在盗铸的还有官吏。

滥铸和私铸铜元的结果，造成了恶性通货膨胀。

据梁启超统计，光绪二十八九年间（1902～1903），银元 1 元仅能兑换铜元 80 枚，三十年（1904）末则能兑换 88 枚，三十一年（1905）六月间则可以兑换 96 枚，是年末可以兑换 107 枚，三十二年（1906）正二月间可以兑换 110 枚，三十四年（1908）正二月间可以兑换 120 枚。以后几乎每月兑价增加 10 枚，至宣统元年（1909）末遂至银元 1 元可以兑换铜元 180 枚。宣统二年（1910）一年内大率兑价在 175 枚至 180 枚之间，和四年前的兑价相比，还不到原来的一半。按银元计算，四年间，铜元的价值下跌了 50%，按铜元计算的通货膨胀率高达 100%，煞是惊人。

清政府滥铸铜元给人民造成了极大的危害。

首先，它给社会经济生活带来了极大的不便。当时各厂所铸铜币，当 10 为多，当 20、当 5 的也偶有铸造的，唯有当 2 文及当 1 文两种，因为工本过重，所以铸造的数量非常少。由于铜元有整无零，以致山东登州、莱州、青州一带和直隶的各州县，购货人购买只值一二文钱的商品，付铜元一枚，卖主无法找零，于是就付给购货人一个竹片或者一张纸条作为凭据，等购货人陆续买够 10 文钱，然后收回凭据。

其次，它给农、商、工各业都造成了破坏。由于中国以农民占多数，所以受铜元祸害的以农民为最多。农产品虽然以米麦为大宗，米麦售价一向用银元计算，似乎于铜元贬值无关，然而农业副产品如柴薪、蔬菜、鸡鸭之类，其佣工如舂米、插秧、耘草之类，都是以铜元计值的，江南乡间虽号称产米，然而农民纳租之后所余无几，往往家无斗粮，只能靠佣工及副产品维持生活。铜元贬值后，他们的收入大为减少。

另一方面，因贪官污吏渔利营私，更加重了农民的痛苦。官吏苛征，或者只征银元，或者专征制钱，或者以铜元折算，甚至将银元折成制钱价，再扣折成铜元价，往复扣折，强抑勒索。如光绪三十四年（1908），山东栖霞县征收田赋创立章程，专收制钱，农民若以铜元交纳，都按六折合算。安徽省潜山县农民凡以铜元完粮概不收纳，必须交纳银元。直隶省固安县甚至曲循庄头的请求，出示命令，要佃户交租按照银元折纳制钱，佃户如果交纳铜元，必须按照制钱核加。江苏省甚至全省地丁改征银两。对于这种情况，连清廷也不得不承认无加赋之名，而有加赋之实。

商人也受到了铜元贬值的巨大冲击。数年以来，商业受银贵钱贱的影响，交易已逐渐由使用铜元改为使用银元。只有南货、槽坊、烟纸等行业，因为所销售的都是零星商品，所以仍然用铜元计价。而商人进货则需要银元或规银，一出一入，亏折非常大。以每日售货获得铜元 100 串计算，铜元未贬值时，可兑换银元一百数十元，而此时只值 70 余元。若提高物价，则销路必然呆滞；若减折行使，则毁店罢市，风潮立起。而且积聚盈千累万的铜元，一旦银根紧急，无银可兑，钱店得任意操纵兑价。于是商号有因为铜元壅滞贬值兑换银元的，有因为周转不灵中途闭歇的。此外，肩挑负贩，资本愈少，受害也愈深。铜元不断贬值，巨商的亏折日多，而小贩也纷纷破产。

至于工人的受害又甚于农商。农有田亩，商有货物，而工人则一无所有。日获工资一二百文，而一家老小衣食之费、房屋之费等各种生活费用，只指望工资，即使物价低廉，工作不断，也已有朝不保夕之势，何况米珠薪桂，一旦失业，即槁饿待毙，甚至流于沟壑。

第三，铜元跌价加剧了地方矛盾、商民矛盾、官民矛盾，造成了社会的混乱。

其一，铸造铜元之省以邻为壑，向他省倾销，而遭受倾销之省则视其如敌国，纷纷禁运。各省铸造铜元，本为补救钱荒，铸造之初，铜贱钱贵，获利颇巨，于是添机加铸，日出日多，并由商人运往他省，减折行使。于是受灌省份市面骚动，银价陡涨，铜元贬值。各处铜元，民间减价行使，初以当10为当9，后遂当8，再后落至当7，最后落至当制钱6文半。光绪三十一年（1905），直隶、山东两省州县纷纷出具告示，只准用户部北洋铜元，不准用江南各省铸造铜元。河南则限制外省铜元一概不准通行。该省无论商民，甚至妇孺老幼，皆能辨识是否本省铜元，非本省铜元，一概不受。这种情形造成全国行者扰于途，居者乱于市，不但干扰了经济生活，而且干扰了社会生活。

其二，铜元减折使用激化了商民矛盾，使全国罢工罢市风潮此起彼伏。工人要求增加工资，"一加再加之不已，亦一哄再哄之不已"。江苏省金山、松江、华亭三县的朱泾、亭林、叶榭三镇各商家，因铜元充斥，洋价飞涨，决议将铜元每枚折当制钱8文，乡民大哗，同时捣毁店肆数家，以致罢市。

其三，铜元贬值激化了官民矛盾，使抗粮滋事之案层见叠出。在滥铸铜元、银价骤涨的时期，各省州县借口无盈余可提，巧为抑勒，以补偿银钱的耗折。山东省原规定每地丁银一两征收制钱 2 吊（合 2000 文）400 文，而长清县征收地丁银铜元折价每两增至 5 吊 720 文。还有的县，不用铜元或制钱，专门勒收银元，所收银元，兑价又要比市价高数百文，结果引起农民大规模的抗粮斗争。光绪二十九年（1903），河南改征银为征钱，较以往章程加至一倍半，以致激成孟县民变，各村众聚至十余万人，进城焚烧衙署，知县孙寿彭被殴。最后，被迫照旧办理。

宣统年间，铜元泛滥更为严重。山东各县纳粮本按七折扣算，宣统二年（1910）春，山东莱阳县、海阳县更按五成扣算。田赋正供一两，民间所纳需大钱 3780 文，民不堪命，乱机遂萌，形成了莱阳、海阳农民大规模的抗粮斗争。

清末农民的每一次抗粮斗争，几乎都迫使清政府调动大兵，血腥镇压。这不但引起了农民更激烈的反抗，而且引起了社会各界对农民的同情，对清政府的痛恨，造成了社会极大的动荡，加速了清朝统治的灭亡。

二 北洋政权、地方军阀与通货膨胀

近代中国政府多与通货膨胀有不解之缘，而北洋政权制造恶性通货膨胀手段之卑劣，实无以复加。举凡滥发钞票、滥铸铜元、滥发铜元票、兑换券及流通券，无所不用其极，且信誓旦旦，出尔反尔，欺骗舆论，蒙蔽人民，尤为惯技。

中交两行钞票停兑风潮

北洋政权制造恶性通货膨胀，发端于袁世凯，成之于段祺瑞，继之以曹锟、吴佩孚、张作霖，效之以全国大小军阀。

袁世凯制造恶性通货膨胀是以洪宪帝制为依归的。洪宪帝制仅筹备登基大典预算即为 2000 万元，而收买各省要员拥护帝制的费用尚不在内。由于恣意挥霍，正当的财政收入不足支出的 1/10，"困乏之状已达极点"。袁政府本来为帝国主义所豢养，其财政仰给于外国政府的贷款，自无疑义。但从云南义军起后，主子既有换马之意，奴才遂有财政之厄，不但新借款已经绝望，盐税余额亦不能提取。各省军阀也心存观望，托词防务，截留军饷，一文不解。袁世凯在帝制财政上依靠的主要是总统府秘书长、交通银行总理梁士诒。自帝制问题兴，梁即以筹措财政自任。其实，梁虽绰号财神，并无点金之术，唯恃一交通银行为外府，帝政中一切筹备及对付滇、黔义军等费用，大半出自交通。交通银行股本为 750 万元，发行兑换券 4160 余万元。而其时，财政部及各省欠行款总数已达 4600 余万元。中国银行的情况较交通银行略佳。中国银行原有现金不过 600 万元，储户存款已达 4000 余万元，所发兑换券为 3914 万元，为政府垫款总数约达 3000 万元。在这种情况下，袁政府非但不要求两行收束，反而为镇压反对帝制的护国军，要求两行各自再发行兑换券 2500 万元。从 1916 年 4 月开始，交通银行北京、上海、天津等行即有许多商民提取存款、兑换银元，连日挤兑，使各行实有朝不保夕之势，交通银行遂连上三缄，恳请财政部迅速拨还垫款，以解倒悬之急。然而，袁政府不但不另筹办法，反而于 1916 年 5 月 12 日悍然命令中、交两行停止兑现，企图一手攫尽两行财富。有人以为命令停兑是由于交行出现挤兑，以致仓促间出此下策，此实为不了解袁政府的实质及其本意。首先，就北京中行论，当时库存尚未空虚。其次，就上海中行论，则中国银行在上海的流通券约 330 万元，而库存现金则有银元 500 万元，银 70 万两，足以应付挤兑而有余。所以，袁政府同时命令两行停兑，主要目的是攫取银元和白银，为打内战做准备。早在 4 月 17 日袁政府即命令各省"倘遇兑现风潮发现，则由官厅径行禁止取现，以资镇息"。5 月 12 日，在发布停兑令的同时，又电令两银行各分行将库存的银块、现洋运送北京。5 月 16 日，唐绍仪与日本驻上海总领事有吉明密谈中，也披露了袁政府停兑的隐衷："由于时局发展，形势更对政府不利"，"未独立的各省，实际亦不可靠"，于是袁政府暗中准备将带有国家银行性质的中、交两行各地分行所有的库存准备现金 1000 余万元，集中北京。如这一方针在北京以及各省没有遇到强烈的反对，则准备发行不兑换纸币。然而，人算不如天算，袁世凯的如意算盘结果落空。1916 年 5 月 8 日，袁政府密电命令上海中、交两行迁出租界至华界十六铺。上海中、交两行一面在上海华界寻找房屋，一面询问中央为何作此迁徙，但毫无回音，旋于 12 日突接国务院停兑令。由于命令过早发出，当地两分行未及迁至华界，袁政府的权力尚不能充分行使，结果，停兑的命令遭到拒绝。上海中国银行 5 月 12 日决定照常营业，兑付票款（上海交通行因库存银元不足，未能开兑）。此后，各地中、交两行也纷纷效法，继续兑现。中、交的继续兑现给了袁政府很大的打击。首先，袁政府席卷全国存银的阴谋完全破产，财政更加困难。停兑的命令被拒绝后，北京只有储备银元五六百万元（其中尚有 150 万元是段芝贵由奉天两行运来）；其次，袁政府政令不行，威信日益下降，向帝国主义列强出卖两行主权以换取借款的企图再次失败，帝国主义国家在华银行不仅拒绝贷款给袁政府，反而贷款支持上海中行继续兑现；第三，地方军阀与袁政府的矛盾进一步激化。冯国璋、齐燮元等纷纷表示支持中、交两行继续兑现，并要求袁政府将前令立时取消。

但是北京的中、交两行因为在袁政府的直接控制之下，执行了京钞停兑令，给人民带来了巨大的灾难。首先，造成了市面混乱。各行商货物已逐渐售出，无款再往购买，纸币已经收入，又无处可以流通。外省粮商有听说京师不能收现款而中途折回的，煤矿则因纸币不能付煤价而停止运煤。其次，造成了恶性通货膨胀。停兑后，京师物价飞涨，对以两行纸币购物的人，商家均抬价二三成。停兑之初，中、交两行钞票每元兑换铜元或铜元票 13 吊 200 文，而银元每元则可兑换 13 吊七八百文；继则中、交票仅可兑换 11 吊 200 文，而持中、交票向外国银行兑换银元的人，每 100 元仅能兑换 80 元。粮食也纷纷涨价，面粉由每斤京钱 700 文涨至 820 文；贫民日常食用的小米，由每斤京钱 560 文涨至 640 文。尤其家在外地，依靠薪资为生的人，境况更窘，因外地不使用纸币，北京又停止兑现，若将此票寄回，实无异废纸。中、交停兑还给人民的交通和通讯造成了极大不便，路局坚持其全部车票及其他费用的 1/3 必须以白银或外钞支付，电报局则完全拒绝接受中国钞票。

在这种恶性通货膨胀的形势下，袁世凯政府竟然还令北京中、交两行继续分垫饷需、政费，且须搭付二成现款。因所发皆系北京之票，致使北京地区的通货膨胀更趋严重。面对如此滥发钞票的局势，连交通银行总管理处也感叹："内无以对同人，外无以对社会"。

1916年6月6日，袁世凯在内外交困中一命鸣呼，但北洋政府并未改变其通货膨胀政策，而且变本加厉，使通货膨胀愈演愈烈。在京钞停兑时，发行数目并不甚巨，仅为2500余万元。而北洋政府以为，京钞既不兑现，遂可任意增发。故至是年10月，京钞流通额及存款额一跃而达4600余万元。同时，财政部继续要求两行垫款。两行因无法垫付现洋，被迫以大宗纸币购买，因此市面上京钞流通量更见增多，使金融益呈紊乱之相。加之铁路客货票由三成搭现（洋）改为六成搭现，崇文门税关勒收现银，继而京师收入各机关甚至司法公署诉讼费也专收现洋，使钞票的价值更为跌落。至1918年3月止，中、交两行已为政府垫款9300万元有奇，而票价则跌至七折左右。在这种情况下，中、交两行为整理京钞，屡向政府催还欠款。北洋政府于情、于理、于法都无法推托，于是开始玩弄发行"民国7年短期6厘公债"，整理京钞的骗局。1918年5月1日，北洋政府开始发行民国7年短期6厘公债，明文规定，发行公债的目的是"归还中国、交通两银行欠款及补助该两行之准备金"。公债的数额为9300万元，恰与京钞流通和存款总额相等，也与两行为北洋政府垫款数额相等。并规定："上项公债收款，准用北京中国、交通两银行钞票交纳。"至1919年10月，此两项公债票已售出7420.2万元，也就是已收回同样数目的京钞，则京钞流通和存款数应减至1879.8万元。然而令人大惑不解的是，在7年公债未发行之前，京钞票价尚在七折左右，而在7年公债发行之后，票价反跌至五折以下。这个谜底直至北洋政府国务院在众议员的质问下被迫答复，方才揭开。原来两行一面发行公债，收回京钞，一面仍在为政府垫款。至1919年10月，两行为政府所借垫的京钞竟有2450万元之多。加之两行未收回的流通京钞，共为3750万元，即在1918年6月29日至1918年10月之间，中、交两行仍在以每月400万元的速度为政府垫款，也就是说在此期间，每月有400万元的京钞流入市面。难怪在发行公债之后，京钞的价格仍然有落无升了。1918年9月18日，北洋政府财政部曾声明："自7年10月12日起，不再令两行垫付京钞"。但在直皖战争之后，直系执掌北京政权。1920年9月14日，国务会议议决，自本年10月1日起，由财政部发行整理金融短期公债6000万元，以3600万元发交国内公债局出售，按照票面收回此项京钞，尽数销毁。同时又规定："本案公布后6个月内，中、交两行担任每月80万元，以济财部、军、警需要"。

 ## 2 滥铸铜元和银辅币

北洋政府除依靠中、交两行垫款以外，主要依靠发公债、借外债筹集打内战的经费。从1916年5月至1918年9月段祺瑞下台，由曹汝霖经手向日本借款即达一亿元以上。但此后因中国国内反日情绪高涨，日本政府于 1918 年 12 月被迫声明："为促进中国南北议和，决定终止对华借款及其他财政上的援助"。自此，北洋政府借外债较为不易，遂开始以滥铸铜元、滥发铜元票为敛财的手段。在清末，各省滥铸的铜元已有200 亿枚之多，然而尚以当 10 铜元为主。1919 年以后，内乱不已，各省滥铸旧模铜元并未遵照定例，致使铜元质量益趋恶劣，本来铜元的成色应为铜占 95%，亚铅占 5%，然而后来，竟有大量铜只占 80% 甚至60% 的铜元，而重量竟有较法定数相差至 1/4 的。故兑换价格日益跌落，1919 年底每银元可兑铜元 136 枚，至 1920 年底跌至 140 余枚，1921 年底竟跌至 150 余枚。由于铜元充斥，物价飞涨，社会各界纷纷要求北洋政府停铸，北洋政府遂于 1919 年 5 月限制各省鼓铸铜元，并于 1921 年 6 月饬令各省造币厂暂行停铸。复于 1922 年 5 月由税务处转饬各关，"所有铜元材料、机器悉于扣留"。但北洋政府的停铸令，犹如一纸空文。首先，北洋政府本身就狐埋狐搰，出尔反尔，一面饬令各厂一律停铸，一面密令南京、武昌等厂开铸铜元，以铸币余利充行政经费。在直系军阀执掌北京政权时，直系的地盘，直、鄂既定为例外，皖省又首先弛禁。1922 年 9 月 16 日，总税务司奉到 1279 号令："嗣后各关遇有各省购运铜元机器、材料等项一律扣留"。同年 9 月 19 日又奉到 1288 号令，"直鲁豫巡阅使（曹锟）以军饷、赈款全赖津厂鼓铸铜元接济，拟请暂缓停铸，应由津关嗣后遇有该厂报运洋铜进口时仍予照常验放"。其二,各省军阀各自为政,中央文告等同虚设。安庆、开封已奉财政部命令裁撤的铜元局,后来陆续开铸铜元。禁运一举,护照虽然停发,而江轮往来仍源源私行挟带。造币厂持有护照,仍可将大批铜元运送出境,而其他小商人用于贸易的铜元,则往往挟之入市而受罚。而且,各省军阀还损人利己,以邻为壑,鼓励本省铜元输出,禁止外省铜元流入。安徽省铜元为运销江苏,遂有私印江苏模型之事。直隶督军王承斌筹设兑换所,专收轻质铜元,运往东三省。于是,各地铜元的消长遂以各地军阀的盛衰为转移。直奉战争之前,规定罚则甚严,故当时关外铜元混入不多,及直隶战败,奉系执掌中央政权,关外铜元输入的禁令无形取消,加以天津造币厂始终鼓铸不辍,北京铜元充斥,市价益落。在军阀谋私渔利,扰乱金融的举措下,铜元风潮迭起,银元一元的铜元兑价,不但各处不等,即使每年、每月、每日和每日的上下午都不同。如保定于 1921 年初,银元每元兑铜元不过 150 枚,而于 1922 年春,因有大宗铜元自汉口、长春运至,故兑价大幅跌落,竟可兑 317.70 枚。而上海铜元兑价,一年之内,已由 1500 文增至 1800 文,人民困难日甚一日。铜元狂跌首先使工薪劳动者困苦异常,如北京的工人,进款多半是铜元,往往在数年之中每天的铜元工资是不变的,但实际上工资能买到东西却日益减少。有时他们的铜元工资增高了,但银元兑换铜元的数目渐渐增加,很快就超过工资的增加。农村的雇工,一般也以铜元为佣值。他们的收入和购买力都受兑价的支配，因此，生活的困苦日益加深。对于佃农，因为租价随银价增长不已，困苦之状已达极点。即使是中小商人，因以银元进货，铜元零售，货物增价不但不能获利，反受其损，也深受铜元跌价之苦。铜元跌价也给市民带来了极大的不便。在铜元跌价期间，天津地区用铜元换不到银元，以铜元换银元，贵贱无有。直隶省长曾于 1926 年 9 月 1 日出示限制银元一元兑换铜元不得超过 220 枚，而买银元的人持铜元 240 余枚仍无处可买。商店已有拒收铜元龃龉争殴情事，市廛日闻诟谇之声。北洋政权制造恶性通货膨胀的卑劣行径激起了人民愤怒的反抗。天津各行各业的工人，屡起增薪风潮。北京公立大中小学校教师，要求以银元付薪，未得满意答复，全体罢教。1924 年，北洋政府任命袁祖铭为川黔边防督办，袁借名筹饷，拟筹当 200 铜元，市民罢市反抗，其势汹汹，袁被迫将铜模销毁，其事乃寝。

北洋政府除滥铸铜元之外，还滥铸银辅币。银辅币也称为银角，俗名为毛钱、毫洋或小洋。早在光绪十六年（1890），广东铸造大银元时即同时铸造半元、2 角、1 角等各级辅币，以后推及各省。当时清政府对各省辅币的铸造，正如银元铜元一样没有确定的办法，形成各省各行其是。因银角的成色较低，铸造利益比银元更大，所以各省无限制地滥制，市价时有波动。光绪三十三年（1907）虽由清政府规定各级银角的成色，并确定为十进位，即 10 角等于 1 元，但并未实行。各省贪图铸造利益，大量发行辅币，使银角的价格完全按市场供求关系而定，十进位的法定比价等于虚设，一般是每元兑换 12 角左右。民国成立后情况未见好转。到 1914 年公布《国币条例》，曾规定辅币的重量，即 5 角重 3 钱 6 分，2 角重 1 钱 4 分 4 厘，1 角重 7 分 2 厘，这是和 7 钱 2 分的银元成比例的。并规定成色为银 7 铜 3，这也符合辅币的内含价值低于本位币的原则。此项新银角于 1916 年在天津造币厂开铸，翌年又在南京分厂铸造，形式与袁头银元相似。北洋政府为维护其十进位制与国币同价流通，特令中国、交通两行依面额价格兑换国币，先在北京、天津及直隶省推行，然后分期分批由各省铸造发行。最初几年间因发行数量不多，尚能按面额流通无阻，但至 1923 年，银角对 1 元国币的兑换价格就发生贴水。中、交两行也限制辅币的兑换，各铁路局及其他机关也按当时贬低的市价收受。这样，银辅币的十进位制最终遭破坏，银角事实上变成单独的一种铸币（小洋），不作为银元（大洋）的辅币了。

此后，各省军阀以滥铸银角为财政收入来源，质量、成色愈为降低，辅币流通的情况更加混乱。当时东三省各厂所铸的辅币质量最高，在东北各地通行，大银元反而不通用。天津总厂所铸的袁像及龙凤银角质量最低，流通于京津及北方各省。广东省所铸的双毫（2 角）最多，流通于南方各省及上海，在广东市面上更为盛行，几乎取代了银元。其他各省所铸的角币仅在省内使用。总之，当时没有一种银角是全国通用的。银角对于国币的兑换市价，日日变动，即使同样的小洋，在不同城市的市价也各有不同，纷乱情况可以想见。以上海通用的广东小洋 10 角折合规元的行情为例，1930 年最高行市为 0.665 两，最低为 0.592 两。银角价格的如此变动，自然给经济带来恶劣影响，而对一般劳动人民危害更大，因为他们日常收支的大半为银角和铜元，而行情变动常常使他们蒙受损失。

中国人民的生活水平很低，当时国币以元为单位，对广大人民来说，似嫌过大。人们日常所接触的货币，一般是银角和铜元，如果能维持这两种币值的稳定，则对人民总算是一种"德政"。然而自清末以来，历经北洋政府和国民政府，虽然对币制有过几次规定，但与广大人民生活息息相关的银角和铜元问题，却没有得到丝毫的改善，反而越来越混乱。本来辅币既为名目货币，其实际价值应低于面额价值，这在各国已是通例。所以银角的含银量很低，并无碍于按十进比价与主币同时流通，重要的是必须铸造成色、重量固定的银角，而国家银行与造币机关更须协作调剂其发行和流通数量，以保持国家银行无限制地按十进制兑换银元，不使辅币价格下落。但由于当时政府腐败无能，大小军阀各据一方，靠铸造辅币来筹措军饷，遂任意滥铸并向他省推销劣币，以致辅币严重贬值，给广大人民造成灾难。钱庄、银号利用银角市价的波动，乘机兴风作浪，从中渔利，也是造成行情混乱的原因之一。

20 世纪 30 年代以后，银角在市面上渐少，而代之以银行发行的辅币券了。

滥发铜元票和变相货币

　　除滥铸铜元和银辅币外，北洋政府还滥发铜元票以图解救财政危机。由于铸造铜元一需时间，二需成本，而铜元票印制既快，成本又低，所以印发铜元票日益成为北洋政府应急的手段。发行铜元票的机构即是平市官钱局。平市官钱局成立于 1914 年，设总局于保定。成立之时并无资本，其后，陆续设立分局，计有京兆、天津、济南、开封、徐州、烟台、清江浦、九江、热河、张家口等处。平市官钱局成立目的，原为补助辅币，便利民生，但成立不到一年，即因任意增发并停止兑现，遂使票价一度低于六七折。后虽于 1919 年 11 月 1 日宣布照常兑现，票价才有回升，但此后仍不断滥发，致使铜元纸票充斥市面，引起了 1923 年的铜元票挤兑风潮。北京铜元票挤兑风潮远因虽源于滥发，其近因实源于曹锟贿选。第一次直奉战争，直系战胜，奉系失败，曹锟开始觊觎大总统职位，为筹措贿选经费，遂令财政部特许大中商业银行发行 300 万元钞票，转为政府垫款，用铜元票抵押，以致酿成北京铜元票停兑风潮。平市官钱局京兆分局代部垫款，数额巨大，至 1923 年 7 月，已达 146 万元之多，均系向各银行临时借贷，且不能不以铜元票作抵，一日抵借不到，即一日危险立见。但财政部为筹措贿选经费，又从官钱局提出价值约 80 万银元的铜元票，作为各银行借款的抵押品，并在借款合同上明文规定："如到期财政部不能还款，或还不足数时"，"得将抵押品变卖归还"。

1923年7月中旬，北京市面已有暗潮涌动，新铜元票日见增多，且大半为新版票，现铜元反见缺乏。此种新版票分50枚、40枚与10枚三种，印刷尚真切，唯有20枚票颜色甚浅，正面花纹模糊不清。

1923年8月3日，北京发生铜元票挤兑风潮，平市官钱局门前人山人海，甚而有为挤兑铜元而毙命者。官钱局因缺乏铜钱，仅用行伙一人担任付钱之责，且特意限制每人兑换10吊（每吊50文合当10铜钱5枚）以消磨时间。门外警察维持秩序，时而棍棒交加。奸商乘机拒绝使用钱票，一般贫民携票在手者，更形慌乱。14日晚，以洋一元能兑回铜元189枚，而能兑回铜元票235枚，两者相差46枚之多。四郊商民已完全拒绝使用钱票。商家拒绝不用者有之，按七折八扣者有之。至10月26日，官钱局宣布完全停兑，铜元票价格遂进一步下跌，由九折、八五折跌到五六折。在1923年7月中旬，京城市面为什么会出现大量铜元票，以致出现挤兑？事实真相直至10月19日司法部次长呈报查办平市官钱局发行铜元票情形，才完全暴露。原来京城铜元票发行额为155.8686万串100文（每串1000文，合当10铜元100枚），由京局自行抵押借款额为108.35万串，由财政部自该局提取而转抵押于银行额为198.5万串，共计抵押铜元票额为306.85万串，其中到期铜元票额为245.25万串，因抵押到期，无法清偿，遂已被处理变卖，流行市面。因市面上陡然出现为原流通额一倍多，达 400 万串的铜元票，以致骤然引起金融恐慌，发生挤兑。然而，流到市面上的铜元票，尚不仅 400 万串之数。首先，抵押铜元票由财政部公债司办理，最初仅 20 万串，嗣后陆续出押，仅由财政总长下一道手谕，财政部并无存案可稽。其次，新版铜元票由京华印书局、和济印刷局等处粗制滥造，作奸者大量私印私发，市面流通数目已不可知。

北京平市官钱局发生停兑后，各分支局均受影响，信用丧失。济南自 8 月 20 日起，铜元票在市面上即不行使，至官钱局兑现者人数众多，拥护异常。河南省 2000 万串的铜元票，价已跌到四折，犹日下不止。铜元票停兑给劳动人民带来了极大的痛苦，凡以铜元定价的商品，无不飞涨二三成，尤以食品为最。而以铜元票为收入的市民，几乎占到京师市民的半数，平日秕糠糙粝，犹难一饱，今复夺其食之二三，其窘苦可想而知。

北京平市官钱局铜元票停兑在社会上引起巨大反响，迫使北洋政府做出姿态，筹备收回。然而实际并无收回诚意，故虽由财政部商借四行（中国、交通、盐业、金城）60 万元，指定作为整理铜元票的基金（铜元票流通约合市价银 130 万 ~ 140 万元），而迁延数年，终未收回，借款亦挪作他用，以致该券信用扫地，虽贱价亦无人收受。

平市官钱局在发行铜元票的同时，还发行了各种变相货币，因其数额远较铜元票为大，停兑后造成了更大的危害。第一次直奉战争后，北洋政府财政竭蹶万分，近畿军警待哺嗷嗷，行政机关欠薪数月，实有岌岌可危之势。而财政信用已因中、交停兑风潮破坏殆尽，国内银行为自卫计，不能接济政府。而外国银行则趁火打劫，借款条件苛刻。北洋政府遂于1922年6月，发行定期兑换券200万元，并陆续于同年10月和1923年2月、7月，分别发行短期有利兑换券，有利和特别流通券800万元，共达1000万元。并通告：这四项兑换券和流通券都于发行后或发行后一年之内开兑，分10个月兑完，月息皆为一分。并特声明："本息基金由盐余项下支付，储备兑付准备，极为可靠"，还在券背载明，各铁路局、电报局、电话局均搭收五成。有拒绝行使者，以扰乱金融论罪。但北洋政府却食言而肥。首先，除第一期定期兑换券200万元因基金未能领足，屡催不应，以致演成停兑的结果，至1925年才兑清外，其他三项共800万元的兑换券和流通券，财政部均以盐余不敷为借口，多次失信。而当1923年10月，财政部收回盐余之际，竟将兑换券6、7、8、9四个月基金80万元及特别流通券7、8、9三个月基金90万元，全数挪移他用，分文不兑。至1925年，不但各券还本无着，即每月应付利息也积欠10期，未兑现余额达680万元。财政部一次次的整理办法都成为骗局，至1926年段祺瑞执政府倒台，整理之论即不了了之。财政部原规定，北京各铁路局、电报、电话分局、崇文门左右翼各税局、各烟酒局、各印花税处，均一律搭收五成。然而，除崇文门左右翼各税局搭收二成外，其余各政府机关均未搭收。各券发行之始，市面价格曾高至七八折以上，但自未能按期兑现后，价格一落千丈，1923 年 3 月落至六折以内，1923 年 8 月落至二三折左右，1924 年 4 月落至二折以下，1925 年 6 月落至一折。持券人悲苦之极，遂至轻生者有之。在财政部发行兑换券和流通券的同时，北洋政府交通部还发行了定期支付券，内务部还发行过俸薪代用券。据贾士毅统计："特种与普通两宗国库证券，积欠本息，计至 14 年（1925 年）年底为止，共为 5911.43 万余元"。这些，都是北洋政府利用发行不兑换的变相货币，从人民身上掠夺的巨大财富。

通货膨胀给中国人民带来了巨大的灾难，但是，带给北洋政权的，也不光是巨大的财富。首先，北洋政权竭泽而渔，杀鸡取卵，制造恶性通货膨胀，破坏了金融机构的信用，也破坏了自己赖以生存的物质基础。本来钞票能流通，财政费、军费，自易筹措，钞票的信用恢复，即无须借款。但是，北洋政权滥发纸币、滥铸铜元，人民拒绝使用，使其弥缝之策，唯恃外国借款，进一步加深了对帝国主义的依赖。另一方面，由于恶性通货膨胀，使帝国主义认为北洋政权不但在政治上无能，而且在经济上无能，逐渐撤回了对它的支持，这是北洋政权最后倒台的重要原因。

其次，恶性通货膨胀激起了人民强烈的不满，"中、交票跌价之声如杜鹃啼血，无时不唤"，"人民的怨气日深，种种抨击，不遗余力"。北洋政权对广大劳动人民群众的残酷掠夺，使得人民大众和北洋军阀的矛盾进一步加剧，阶级斗争空前激化，革命斗争风起云涌，汇成了北伐战争的怒潮，这是北洋政权倒台的主要原因。

 ## 4 形形色色的官钱票和五花八门的军用票

北洋政权滥发纸币，地方军阀也纷纷效法，大肆滥发形形色色的官钱票，使纸币大跌其价，并且动辄以停兑来无偿剥夺人民。

纸币跌价举例：

江西财政厅省库券 800 万元，以 10% 至 20% 的比价兑换省银行票；

热河滥发不兑现纸币，票额至 8000 余万元，强制流通，价格遂一落千丈，1928 年 500 元纸币兑换现大洋 1 元；

山西省滥发铜元票，银元 1 元，换铜元不过 3000 有零，换铜元券乃至 7000 开外，而且市面上硬币极形缺乏，铜元纸币竟有 1 枚、2 枚、3 枚、4 枚、5 枚、10 枚、20 枚、30 枚、50 枚九种之多，此亦各省未有之现象；

奉天东三省官银号钞票约 7 亿元，1928 年 4 月兑价跌至票面 3% 至 4%；

吉林永衡银号大洋票 800 余万元，小洋票 1500 余万元，1928 年 8 月兑价在票面 60% 至 70%；

吉林中、交两行发行哈尔滨大洋票 4100 余万元，1928 年 8 月兑价在票面 80% 左右。

纸币停兑举例:

湖北官钱局铜元票合银 200 万元,1926 年 10 月后停兑;

汉口中、交及中央三银行钞票共约 8050 万元,1927 年 11 月后停兑;

江西省银行钞票与铜元票合银 1200 万元,因 1927 年银行倒闭,完全停兑;

黑龙江广信公司江帖合银 300 万元,1927 年发行,1928 年停兑;

直隶省银行 1926 年发行钞票 1600 万元,褚玉璞命令停兑;

山东省银行钞票 2300 万元,1928 年 3 月已跌价至票面 25%,5 月张宗昌命令停兑;

各省地方大都各有各的纸币。纸币有各种不同的来源、名称和兑价。譬如山东济宁,1928 年春,市面上差不多看不见铜子,只有纸币流行,有的是县知事公署发行,有的是县商会发行。这些纸币都不易兑现,但纳税须纳现洋,至少须是铜子。因此农民的负担更加沉重。

有些省的财政完全在货币循环跌价中度日,一时铜子跌价,又一时纸币跌价。自 1927 年 1 月至 1928 年 5 月,江西、河南先后宣告停兑后,因现钱缺乏,继续发行纸币。这种现象特别影响到典当生意,而典当生意自然和农民有直接关系。1910 年,湖南南部不兑现的纸币多至 162 万余元。衡、郴一带地方典当停业的不计其数。1927 年,济南各当因纸币跌价大多数关闭,日本商人遂乘机开设典当获利。其所设典当现当现赎，不用纸币，月利10分，二月为期。本地典商羡慕日人的厚利，集议重开当铺，拟将月利由二分半改为三分，当期由两年变为18个月。农民身上所增痛苦可以从利息和当期上推想了。

与官钱票相比，给人民带来更大灾难的是军用券。华北地区的军阀，往往以军用券作为筹集战费的工具，大肆滥发，并以"军法从事"相威胁，强迫人民使用。最早在华北发行军用券的是直系军阀曹锟，1920年7月，为供给军事需要，发行1元纸币，名曰直隶军用手票，共50万元。

河南省银行在直系军阀的控制下，也大发军用票，随印随发。至1923年已发行1200万元。1924年直系惨败后，因拒绝兑现，以致钞价一落千丈。

山东省所发军用票数量更大。自1925年张宗昌任山东军务督办，即设立山东省银行，滥发军用票。军用票充斥于市，几乎看不见现洋及其他银行钞票。至1926年6月，军用票价格即已跌至四折左右。1926年，张宗昌与褚玉璞联合，成立直鲁联军，和国民军作战，为筹集军费，发行直鲁省军用券。直鲁省军用券是将财政部平市官钱局印制的1角、5角券加盖"直隶省军用券"字样。此项军用券，既没有流通时间限制，也没有收回兑现的办法，发行限额原定300万元，后多达1000万元。在直鲁联军战胜国民军后，张宗昌和褚玉璞即强迫在京、津一带行使军用券。京、津人民因反对该票，几酿成罢市风潮，票价迅速跌落至二三折。1927 年冬，张宗昌为抵抗北伐军，又大肆发行军用票，其数不下数千万，毫无基金，也毫无实数。因其前方战事失利，使用时多有贴水折扣之事，致使金融紊乱。其兵士持之购物，蛮不讲理，稍拂其意，即拳脚交加，破口大骂，时因折扣贴水争打，商民苦不堪言。张宗昌听说某商店拒使军用票，马上下令捉捕，将店主严刑拷打后枪毙。而且，除省政府所发行之数千万军用票外，各县均发行本县的军事流通券，少则数十万，多者达数百万，因而，物价之高涨，一年间高达数倍。

 ## 各省通货膨胀的著例

奉票毛荒 19 世纪 20 年代，在东三省享有纸币发行权的中方银行共有六家：其一，东三省官银号，所发行纸币，计有沈阳总行的兑换券和哈尔滨分行的哈大洋券；其二，吉林永衡官银钱号，所发行纸币，计有吉林官帖、永大洋及小执帖等类；其三，黑龙江广信公司，所发行的纸币，计有黑龙江官帖、哈大洋券、江大洋券、四厘债券、铜元票等类；其四，中国银行，所发行纸币，计有沈阳分行的奉票及哈尔滨分行的哈大洋券；其五，交通银行，所发行纸币与中国银行同，也有奉行的奉票及哈行的哈大洋券；其六，边业银行，所发行纸币，计有哈尔滨分行的哈大洋券及沈阳总行的现大洋兑换券。后辽宁省城各银行号有联合发行准备库的组织，所发行的现大洋兑换券也暂用边业名义。

此六行中，中、交两行的发行权受到严格限制。边业则开办日短，所发行纸币数量无多，唯有三个省立银行的纸币，流传最广，发行最多，对于国计民生的影响也最大。

1924 年，东三省官银号与东三省银行合并。实行币制整理的结果，以东三省官银号及中国、交通两行的汇兑券作为奉天省本位币，公济平市钱号的铜元票为辅助币，原来各行号所发行的大洋票和小洋票，则以汇兑券全部收回。汇兑券及铜元票，一般称之为奉天票（奉票）。

东三省银号发行的汇兑票，票面分旧券 1 元券、5 元券、10 元券及新券 1 元券、5 元券、10 元券、50 元券、100 元券等。中国银行和交通银行发行的汇兑券分 1 元券、5 元券及 10 元券。公济平市钱号发行的铜元票，分 5 枚券、10 枚券、20 枚券、50 枚券及 100 枚券。以上共 19 种。铜元票 100 枚合奉小洋 1 元，120 枚合奉大洋 1 元。通常商民交易以小洋为计算单位。所谓 1 元，即系指小洋票 10 角，或者铜元票 100 枚。

奉天省纸币停兑 1918 年 4 月，张作霖借口日英两国以奉票兑现，相逼日紧，万难应付，遂请示北京政府以对德奥宣战为名，于宣战期内一概停止兑现。其停兑目的实际是为滥发奉票做准备。奉票停兑之后，物价翔贵，外币暴涨。面对此种局面，张作霖借口"钱蠹、奸徒颠倒行市，造作种种谣言，煽动人心，从中渔利"，宣布"钱蠹、奸徒深为地方之害，严饬军警详密查拿，照扰乱治安条例立置重典"。但查拿钱蠹无济于事，物价继续飞涨，人民生活艰难异常，商铺困苦万状，纷纷增加货价，以期抵补。整个市面，现洋已经绝迹。钱业公所发出行市单，载明大洋1元合奉票1元6角，而邮电等机关竟索至1元7角左右。欲购现洋，虽出重价，竟至无有，奉票最后跌到每元只值6角左右。

自奉票停兑后，官银号愈发无所顾忌，随意滥发，终于造成了长期的奉票毛荒。

奉票滥发的原因　东三省官银号自成立之日起，凡省政府官款的出纳，都归其掌管；赋税租课及官业收入，皆解至官银号收存；军政各费的发放，也由官银号支付。如有不足，财政厅也随时向官银号挪借。直奉战争期间，军费浩大，东三省的预算收支远不相抵，财政厅所恃补苴弥缝者，唯有向官银号借债之一途。官银号拒绝不能，听命无力，于是遂滥发奉票，以济急需，这就是奉票一再毛荒的根本原因。

东三省官银号滥发纸币的另一个用途是买卖粮食。粮豆为三省大量出产，历年出口量甚巨。官银号因需款孔亟，遂广发纸币，收买粮豆，运载出口，转手之间，便可筹得现金，接济省政府。所有官银号滥发的纸币，大半皆经由这种手续发行。所以每逢官银号入手收买粮食时，人心恐慌，市面摇动，如大难之将临，这是因为人们预知官银号将有大批纸币发行。而奉票往往一昼夜间，贬价数倍。

奉票毛荒主要是军阀战争的结果。1922年四五月间第一次直奉战争时，奉系扩充军备，军费膨胀，财政日形窘迫。而东三省官银号为调度军费唯一的机关，发行巨额钞券，收买农产品，借以输出换购军需物资。1924 年 9 月第二次直奉战争时，奉票的发行急剧增加，因此票值低落，与现洋的比价超过 2 元，次年始稍平静。张作霖入关，政治上虽占优势，但京、津一带军需及治安费用随之增加，奉天的财政负担更重。滥发钞票的结果，1927 年曾出现奉票低落至 14 元 3 角折合现洋 1 元的最低行市。此一年间，奉票低落的平均率达 148%。对此，奉天当局除采取强制募集金融整理公债 5000 万元，银行收回贷款，禁止使用现大洋和金票等对策，并于 1929 年复发行 50 元、100 元大票，但这些举措使市场益形恐慌。6 月 24 日，现洋 1 元兑换奉票 72 元，创奉票价值变动最低行市的纪录。

奉票滥发无度给人民带来的痛苦　在第二次直奉战争以前，东三省官银号发行的奉票有 1.0356 亿元，公济平市官钱局 5383 万元，中国银行 2528 万元，交通银行 123 万元，合计奉大洋 1.4102 亿元、小洋（即 100 枚铜元券）5383 万元。战后因财政短绌，且又大量购置军械，为救济目前急需，遂滥发无度。直至 1925 年 11 月底止，官银号流通市面钞票有 2.5384 亿元，公济官钱局 8386 万元，中国银行 4556 万元，交通银行 5263 万元，共计合奉大洋 3.5204 亿元、小洋 8386 万元，较前增加约 2 亿元，且流行区域由东北而至直隶、热河、山东等省，准备极不充足，使行情摇动不已。

1926 年以前，现大洋的平价值奉小洋一元四五，

高价值奉小洋一元七八，金票（日元）平价值奉小洋
一元二三，高价值一元五六。在第二次直奉战争前，
现洋、金票兑价历有提高，然一经维持，即可恢复原
状。可是在第二次直奉战争后，日涨一日，救济既已
无功，维持更属徒劳。虽然奉军总司令部、奉天省长
公署、警察厅皆以严令布告商民，又封闭钱庄，拿办
钱经纪，劝惩交加，不但丝毫无效，反而愈益恐慌。
自 1927 年 7 月以后，现洋 1 元竟值奉票 5 元，金票 1
元竟值奉票四元七八，商民惶骇不知所措，一般物价
遽然提高三四倍。城乡人民既已不敢收用奉票，而一
般商号为防赔累也不敢轻售，市面上已无形停止交易。
萧索之象不堪入目，推其原因，奉票信用扫地已尽。
商民对于现洋、金票，只有收买，绝无出售，一旦售
出后即无处收买；而一般奸商暗中操纵，借金融恐慌，
乘机牟取暴利。

　　由于官方维持奉票并无确实办法，兼以战事经年，
奉天省供应繁多，影响所及，奉票行市遂无回涨之望，
反而一跌再跌，至 12 元奉票仅能换大洋 1 元。奉票跌
落无已，致使信用几乎等于零。市面一切交易皆改用
大洋。非但民间如此，即官府各项税收，亦一律改为
现洋。如以奉票纳税，即须照市价折扣，而在奉票价
格惨跌期间，官银号却借机用奉票大买现洋以自肥。
该号上自总办，下至夫役，一闻上峰用款，无不大买
特买，以便转移间从中渔利，这种作法造成奉票进一
步贬值。

　　奉系军阀借通货膨胀掠夺人民资财，据统计，自

1922 年至 1928 年，所聚敛的金钱，以金票计算，高达4.42 亿元之巨。凡在三省境内人士，无论土著或侨居，无不受纸币毛荒的影响，而备尝其痛苦滋味。而且人民所受经济损失又远远大于以上数额，因为每当官银号增发纸币时，币价惨跌，市面萧条，投机倒把之风盛极一时，奸商墨吏，狼狈为奸，金融遭到扰乱，民生倍受荼毒，一般良善商民因此而倾家荡产者，比比皆是。就奉天而论，虽然政府因发行奉票所聚敛的资财确为金票 4.42 亿元之数，而各地钱商市侩因投机倒把所获的利益，又何止数倍于此。

奉票毛荒造成的物价飞涨给劳动人民带来的痛苦远较其他阶层更为沉重。据记者调查当时的物价，仅以普通日用必需品而言，1926 年较 1925 年平均增加两倍半有奇。最好的精米，1925 年，1 斗需奉票 7 元，1926 年则需十五六元；白面，1925 年四五元可买一袋，1926 年则每袋 15 元余；木柴，1925 年每百斤仅需 2 元 5 角，1926 年则 4 元 6 角；烟煤，1925 年 2 元 1吨，1926 年则卖 58 元；红煤，1925 年 1 吨 50 元，1926 年 120 多元；住户烧炕所用的秫秸，在过去每车8 元，1926 年少于 15 元不卖。盐为东省最便宜的食品，从前两三个铜子可买 1 斤，1926 年则每斤涨至 1角 6 分。猪油 1925 年 1 斤 6 角，1926 年为 1 元 2 角。猪肉 1925 年 1 斤 5 角，1926 年则需 9 角 6 分。牛肉从前 4 角 1 斤，1926 年则涨至 7 角 4 分。此外对一般平民最具威胁的，莫如房租的暴涨。从前每间民房四五元可租，1926 年则起码非 15 元不可，而且许多房东因不愿收奉票而改收现大洋，每间民房至少收现大洋 3 元。奉票跌价，更使百物昂贵，人民痛苦不堪。

晋钞贬值 阎锡山窃取了山西辛亥革命的胜利果实后，面临着严重的财政经济困难。最初，他采用"募捐"和向巨富"借款"的办法，解决了一些临时困难，旋于 1912 年组设山西官钱局，发行银元，应付开支，但仍满足不了军政费用激增的需要。1918 年，阎锡山兼任山西省省长后，又设立了铜元局，用低价收买民间制钱改铸铜元的办法，仅一年多就获利 360 万元。于是，受到"启发"，遂聘请祁县大德恒票号经理阎维藩，在山西官钱局的基础上，筹组山西省银行，于 1919 年 8 月 1 日正式营业。该行预定资本总额为 300 万元（实收 120 万元），股本来源：一是接受官钱局的财产；二是用军政府"劝募"的借款转为省银行股金；三是省政府拨款。首任总经理阎维藩未及一年即去职，由阎锡山的叔丈人徐一清继任。

省银行成立后，在太原设总管理处，下设总稽核、总文书、总营业、总会计及司券、司库，时称"四总两司"，另设太原分行对外营业，并在各主要县城及商业区设立分行、办事处和寄庄。以后，随着阎锡山势力的扩张，又陆续在天津、上海、汉口、北京、石家庄、保定、绥远等地设立分支机构。到 1929 年，省内外分支机构达 40 余处，形成了一个触角四伸的金融网。

该银行的经营方针，按其章程规定，"以调剂金融，扶助生产事业的发展"为宗旨。经营的业务范围主要有：存款；放款；汇兑；买卖生金、银；折收未满期限期票及汇票；代表有交往之银行、公司、商号及个人收取各种票据和款项；代人保管贵重物品；办理储蓄。但是，章程上的规定只是个形式，实际搞什么，则完全根据阎锡山统治集团的需要而定。例如：章程上并无发行纸币、经营产业的规定，然而省银行一成立，就迫不及待地印发钞票（人们习惯上称之为"晋钞"），并经营地产，投资工业，牟取巨额利润。

省银行为了垄断纸币发行权，以"划一币制"为名，凭借政府的法令，取缔了私营商号的钱帖子，而发行并无保证准备的纸币。开始，为了骗取人民的信任，一段时间晋钞可以十足兑现。当人们被迷惑受骗后，即大量发行。据统计，截至1928年底，10年间共发行晋钞1300万元。从1929年起，为了支持更大规模的"倒蒋"战争，更肆意滥印滥发。当时，阎锡山、冯玉祥、汪精卫的70万军队的饷项，全赖山西省银行的印钞机。不仅如此，随着阎锡山势力的发展，平、津、冀、察一带也有大量的晋钞流通。

自1919年1月至1930年10月，山西省银行先后发行流通于外的银元票合计为4700万元，铜元票315万吊（按市价每4吊折合银元1元，共折合银元78.75万元）。此外，阎锡山曾向该行先后四次提借巨款，以充军费，共为2350余万元，其中除600万元为现款外，1750余万元则全属钞票，合前计之发行数与各行现存数，共达9600余万元之多。

倒蒋失败后，流行在外省的晋钞，同军队一样，全数拥回山西，造成钞价一日数跌，百物节节腾贵的紧张局面。加以豪绅大贾，投机倒把，从中播弄，市场顿呈混乱形势。山西省政府为了维持军政开支，竟于1931年11月7日发出命令，除11月7日以前收讫的粮款照数解交外，自即日起，人民用省钞完纳田赋，2元折合1元，这个命令，使省钞的信用更加破产了。

及阎锡山由大连回晋，于1931年冬，竟令省银行按20元折合1元，另发新币兑收。全省因受省钞影响，商业倒闭，民户破产，市面与农村呈现一片萧条困穷的凄凉景象，致使山西的社会经济一蹶不振。受害最大的当然是广大人民群众，他们终年劳动生产所换得的晋钞成了一把废纸，生活陷于绝境，逃亡、自杀者时有所闻。例如退职家居的高湘溪，将多年积存的晋钞1万余元，在愤懑之下全部焚烧，一病不起。晋北有个老人携带晋钞来太原，在省银行门口焚化，他对行员们说道："就当我给诸位烧纸吧。"说罢，大哭而去。通过这些事实，可以想象人们对阎锡山统治的无比愤恨和纸币灾害的如何惨重了！

四川币制混乱的贻害 四川在军阀割据时期，滥发货币，币制紊乱，乌烟瘴气，人民深受其害。

四川军阀军事上有防区，政治上有防区，经济上也有防区，层层封锁，关卡林立。各自所造货币，只在本防区内通用，各防区互不往来。军阀只顾个人发财，大量鼓铸劣币，发行纸币和票证，搜刮民财，不管人民死活。更可怕的是，甲军阀倒，乙军阀来，甲所发货币散在民间，不能随甲而去。乙军阀为着自己

51

发财，禁绝甲币流通，而另发新币。甲货币遗留民间，等同废物，反复如此，人民惨遭剥夺，痛苦不堪。

光绪二十九年（1903），成都造币厂开铸铜元，其初只铸当 10 文，后又添铸当 20 文，均系紫铜所铸，花纹极为细致明显。一面铸龙纹，一面铸年号、铸造年份及地点与当若干等字样。然而自开铸铜元以后，钱价即逐渐低落，初则每洋 1 元换铜元 800 余文，继则换至 900 文或 1000 文。当时据局中计算，钱价若落跌至每洋 1 元换当 10 铜元 2000 文以上，别无余利可言。因其铜质纯洁，铸工精细，非在此价内不敷成本。

四川省另一铸铜元的机构是重庆铜元局。光绪三十一年（1905），四川总督锡良与川绅议定川汉铁路集股章程，即有一项为在重庆设局铸造铜元，以余利作公司股本。旋即在川汉铁路之股款中，提拨银 80 万两为重庆铜元局建厂购机及开办费用。锡良令饬藩台沈炳垄主持其事，即购妥南岸苏家坝靠河田土近 200 亩为厂地，并派人走上海向洋行洽购机器设备，并委托设计，但历时两年始签立合同，购英制和德制设备各一套。厂房建成后，德制设备装好，英制设备则原封未动。德机虽已运转，但因作为主要原料的铜未能大量解决，故仍无法正常生产。辛亥革命后，约在 1913 年间开始正式投入生产。

民国元年（1912），川督尹昌衡扩充军队，军费加大，加之成都兵变，藩库和濬川源银行存银都被洗劫一空。尹筹措无方，乃成立四川银行，以濬川源地址为行址。银行匆匆成立，毫无现金准备，便迫不及待地发行大汉军政府军用银票 300 万元，分 1 元、5 元两种，票面注明一年内不兑换现银，从此开了四川军阀无准备发行钞票的先例。尹并令成都造币厂每天铸造合 1 万串钱的铜元。兵乱之后，赤铜缺乏，因此降低了铜元的质量和重量。同时又成立利民钱庄，发行铜元兑换券，券面分 100 文、200 文、500 文三种，仍无现金保证。到 1913 年，军用银票已发行到 1500 余万元，既不能兑现，又无限额发行，于是商店拒收，人民拒用，不到一年成了四川银行和利民钱庄的送葬纸钱了。

中国银行重庆分行在渝发行川中券，信誉较好，流通于重庆毗邻各县。陈宧任四川督军时，因财政困难，曾以收回旧券为名，向中国银行借贷川中券 400 万元，结果全部作了军费。过去的濬川源银行所发钞券、尹昌衡所发军用银票，分文未能收兑。1916 年，北洋政府段祺瑞电令中国银行，对川中券暂停兑现，川中券跌至四折、三折，后来也成了一堆废纸，贻害民间。

1915 年，袁世凯称帝，各省纷纷独立。护国军罗佩金、戴戡由滇、黔入川，驱逐陈宧。罗任四川督军，戴任省长。罗、戴入川时，随带云南中国银行所发滇中券 200 万元，还携带有云南的钢板半元，以供军需。同时，在成都成立护国军中国银行，以各项税收作保证，大肆发行滇中券，发行额达四五百万元。不久，四川将领刘存厚发动驱逐罗、戴战争。罗、戴溃散，而滇中券又成了废纸。

1923 年 9 月，川军总司令刘成勋、讨贼军总司令熊克武，成立成都官银号，发行官银票 295.5 万元。同年 12 月川军总指挥赖心辉在重庆成立重庆官银号，发行重庆官银票 100 万元，你来我去，名目繁多，不及细列。总而言之，到了最后，发财的是军阀，遭受残酷剥削、生活困难、流离失所的还是老百姓。此种情况犹未达到高潮，此后更有甚于此者。

民国初年，成都造币厂铸造银铜货币，尚遵照北京政府财政部控制货币质量与数量的各项规定。如铸造盘龙当 10 铜元，重量为 2 钱；盘龙当 20 铜元，重量为 3 钱；盘龙当 50 铜元，重量为 5 钱，均采用上等赤铜。所拟铸数量，也均报部批准。铸造银币，亦有条款规定，控制更严。护国之役以后，四川局势尤为混乱，军阀占据的成都造币厂，就率先铸造劣币，降低质量，减轻重量，扩大面值，增大数量。各地军阀纷纷效尤，设厂私铸，质量之低，重量之轻，数量之大，更有甚于成都造币厂。由此，劣币开始泛滥全川。

1924 年，杨森督理四川军务，驻节成都，据有成都造币厂，以军需浩繁为名，大量鼓铸银币与铜币。银币以半元，铜币以大 200 铜元为主。大 200 铜元重量为 7 钱，按过去部颁规定，当 50 铜元重量为 5 钱，而杨所铸大 200 铜元仅比部颁当 50 铜元重 2 钱，可是币面价格却大了 3 倍，同时质量也差，自然获利甚多。银币为什么只铸半元而不铸 1 元呢？其中也有原因。根据财政部规定，1 元币为单位币，质量为银 9 铜 1。半元属于辅币性质，质量为银 7 铜 3。但在市面上交换，以半元币具有法定的辅币价值，质量虽低于 1 元的单位币，其兑换仍等同于 1 元币，因此铸造半元的利益，就大于 1 元币。后来杨森以利之所在，干脆只铸半元币，不铸 1 元币。

应当指出的是，杨森在专铸 5 角银币时，成色质量方面也耍了花样。条例规定的含银量，明明指的是纯银，故以往造币厂收来回铸之银锭，无论其成色为 97.98% 或 99%，在较配时经过化验，必须加以补足，保证银币的含银量。杨森却没有照此执行，硬性将收入的银锭当做纯银，配上 29% 的铜，即行铸造，这就名为含纯银 71%，实则已降到 71% 以下了。关于银色的较配情况，造币厂历来是极为保密的，不仅外界无人知晓，即厂内职工除化银、化验、较配各个部门的主要负责人外，其他少有知者，虽然杨森降低的成色不大，表面不易识别，但他却开了降低成色的恶劣先例。

1925 年，邓锡侯入成都，占有成都造币厂，开始铸造当 200 大铜元。当时成都铜铁价高，不能供大量铸造，乃用所铸当 200 铜元，在市面上掉换制钱及当 10 铜元、当 20 铜元作为原料，再添以破铜烂铁，大量鼓铸含铜量为百分之四五十的大 200 铜元。由于其质量低劣，很多钱号、商号拒绝使用。但邓以发财为目的，不顾一切，用军政力量迫使流通。市面上既有龙板，又有杨森所铸 200（称老 200），再加上邓铸的新 200，三种铜币泛滥市场。按照劣币驱逐良币规律，不久盘龙当 10 铜元、当 20 铜元在市场上就绝迹了。不仅如此，连杨森所铸老 200 也慢慢绝迹。邓不懂这个道理，反而喜形于色地说："还是新二百好，市面都是我们厂造板，老百姓是乐于使用的。"货币毕竟是受价值规律的支配的。铜元质量低，面值加大，任意发行，势必导致通货膨胀，物价上涨。过去物价指数，以实物为例，4 文制钱可以吃碗素面。此时 200 铜元只能当过去 1 文制钱买几根葱。市场贸易，零星找补，发生困难，时酿事端。1928 年 1 月 10 日《民视报》有两条新闻：

"前几天我家来个客人，我命人拿了半元去买 1 斤肉，并叫将买肉剩余钱买点小菜和酱、醋来。移时，买肉的人空手回来说：肉都割好了，但他没钱找补，所以肉割好了拿不回来，其他小菜等更不能买了"。

"有一位丘八，坐车到福兴街，摸出 200 大铜元叫车夫找补 80 文，车夫无法找补，彼此就发生口角，丘八大打出手，把车夫打个半死……"

其交换之不便于此可见。当时民间乃自动将当 200 铜元切成两半，每半当 100 文使用，又将一半切成两牙，每牙当 50 文使用。清代私铸小钱和制钱也升了值，鹅眼当 5 文使用，制钱当 10 文使用，市场交易及零星找补，稍感便利。然以切角铜币，锋棱突起，携带极为不便，刺破衣服，划伤手臂，时有所闻。因之人言啧啧，怨声载道。舆论激昂，迫使邓改铸当 50、当 100

的铜元。因其面值较 200 铜元小，利益降低，乃减少含铜量以偿损失。人民叫苦不迭，而邓则腰缠万贯。然以利之所在，如膻集蝇，邓锡侯、田颂尧、刘文辉的师旅长，个个眼红，认为铸造银、铜币，是发财的终南捷径，于是各自使用简单机器，鼓铸当 200 铜元，并扩展到全省各县。双流县有小 200 铜元出笼，川北安县一带有当 400 铜元流通，铜质低劣，花纹粗糙，还有光板的，仅在板面上印有一百、二百字样。更有将盘龙当 10 铜元、当 20 铜元用机器压薄增大，上面花纹尚隐约可见，当 100 文和 200 文使用，市面称为"捶板"，其铜质好，人民还乐于接受，反比厂造 100、200 行情高些。但不久又成为私铸各厂收购原料的对象，"捶板"因此消失得无影无踪。当时川西北都是烂二百充斥，物价上涨，人民水深火热，不堪言状。

邓锡侯在大发铜元财之后，又开始铸造银币，也走杨森的老路子，不铸 1 元主币，全部铸造半元辅币（时称为厂板）。含银量比率有时降到 6:4 或 5:5，从未达到部颁的银 7 铜 3 标准，因此在市面上出现用半元币换 1 元币的贴水现象。自 1926 年到 1928 年，成都造币厂所铸半元厂板约 1780 多万枚，合 1 元币约 800 万元，超过了自 1912 年到 1925 年历年所铸总和 800 多万枚。再加上私铸半元（其数无法估计），成都市面已成半元的天下。质量越低，数量越多，物价越涨，民命不堪，怨声四起。邓为缓和舆论，乃在 1928 年下半年，停止铸造半元币，改铸 1 元币，称为"新汉字板"（旧汉字大洋系 1912 年到 1922 年成都造币厂铸造，质量银9铜1，通行省外，共铸55676460元），先后共铸了7684370元。其他大小军阀，也纷纷改铸银币，仅成都附近，就有铸造厂十多家。旅长刁文俊在贵州馆街旅部设厂，师长邓国璋在灌县设厂，师长陈书农在简阳设厂，旅长谢德戡在温江设厂，旅长李注东在川东设厂，司令何瞻如在安县设厂，军长刘自乾在雅州设厂，司令曾南夫在三桥南街设厂，还有其他边远地区也设厂铸造，不胜枚举。一时市面上涌现出五花八门的新货币，有所谓川板、新川板、钢板（刘元瑭在会理铸造）、雅板（刘自乾在雅州铸造）、周板（周西城在赤水铸造）、渝板（刘甫澄在渝铸造）、合川板（罗泽洲在合川铸造），等等。银币种类虽多，但有一个共同特征，就是成色低、分量轻、面积小、板面烂、声音哑。成都流行一副对联："一个银元破烂哑，三位死人邓田刘。"在鼓铸铜元时，大小军阀争购黄铜，连寺庙里的菩萨也遭熔毁之祸。当时春熙路的孙中山铜像，是一个站像，右手执手杖，左手捏拳头。也有好事者给孙中山贴了一副对联，上联是"手捏一把汗"，下联是"恐怕变铜元"，横批是"朝不保夕"。这副联语，竭尽讽刺能事，更勾画出当时成都金融紊乱及军阀贪婪的情景。原《四川日报》曾有这样一则报道："灌县自民十七八年来，有私铸银币厂数处，工匠千人以上，铸成五角银币，合大洋数百万元"，由此可知私铸之盛，范围之广，为害之深。各地纷纷设厂铸造，大大影响了邓锡侯的利益，邓三令五申严禁私铸。其旅长谢德戡就以发饷相要挟说："下月请军部关十足的

58

伙饷"。邓国璋更是说："我们卖命给他们打江山，只让他们发财，不让我们沾点光，老子要造他们的反。"田、刘所辖师旅长更不买账。于是禁者自禁，造者自造，邓也无可奈何，只好听之任之。

这些现象，不仅成都如此，川东南、川西北亦复如是。

重庆铜元局也大量铸造当100、当200铜元，后刘航琛负责该局时，收回旧100和旧200，改铸新100和新200。币值不变，可是币面缩小，质量降低，获利甚大。因此，万县王陵基也设厂铸造，因铜质低劣和掺铁过多，黄铜元变成黑铜元，商家拒绝使用，幸王调渝，出笼不多。鼓铸银元方面，川东南如秀山、彭水等县，也用土法大铸劣币。其紊乱情况，与成都不相上下。

货币种类多，大小有区别，重量有高低，质量有好坏，制作有精粗，在市面上流通价格也就有所不同。这些不同的价格，也不是永恒不变的，随时受着政权的更换以及供需规律的支配，时而甲涨乙跌，时而甲跌乙涨。如此错综复杂，千变万化的金融情况，一般老百姓怎能闹得清楚，一天胼手胝足，千辛万苦挣来一点劳动果实，可能在转瞬间来个七折八扣。然而这种紊乱情形，倒给安乐寺、中城公园（即中山公园、现劳动人民文化宫）的钱贩子、银滚子创造了投机倒把、发财致富的大好机会。

"执照"这个名词，根据旧票据法的解释，是为便利货币的收交或汇兑所订立的特种票据凭证。它列有抬头，有约定的金额和付款的期限，是银行、票庄对往来客户所使用的一种信用证，有悠久的历史，在商场上有相当的信用，颇受重视。而滥造银币的军阀都各自开有银行、钱庄、字号，他们利用票据法关于执照的规定，大量发行定额"执照"，照头上只书某记，不必实有其人，金额分别为 1 元、5 元、10 元、50 元、100 元、200 元几种，取款时间写成便期，随时支取，这就等于大批发行变相钞票。如康泰祥银号，因有造币厂做靠山，资本才 5000 元，执照却发了一二十万元，超过资本数十倍。当时执照能够为一般人普遍接受，是由于杂板成色参差不一，识别困难，每因各人的鉴别不同，发生争执，甚至斗殴，因而人们把收受厂杂板视为畏途，还不如收受执照简单，上面注明厂洋就是厂洋，注明杂板就是杂板，接过来还可以交得出，因此执照通行一时。另外，这些银行、钱庄、商号，为了抬高自己所发执照的身价，又故意在每天派人到市场上用铜元兑换银币时，指定只收本号或某几家行号的执照，用这种方法来建立信用。但因为执照发得太滥太多，有的行号根本没有储备，发行大量执照骗取现款后，即席卷而去，宣告倒闭；有的利用发执照变相无息借款，膨胀信用，大做投机生意，一有亏折，即破产关门。还有一些军阀，为使自己所铸的杂板脱手，利用执照发行到一定数量时，即故意放出倒闭风声，制造挤兑，趁挤兑紧张时，将大量杂板兑出。还有形同撞骗的所谓"官茅房执照"，就是执照上注明的商号地址，竟是一所官茅房（公共厕所）。如乾丰荣商号的执照，它的地址就是北门外簸箕街的茅房；天源号的执照，号址就是书院西街的茅房。

　　鉴于上述情况，当时成都有权威的中国、聚兴诚等银行和天成亨、金盛元等历史悠久、信用素著的殷实商号，都拒绝接收存款。对于接收执照，选择更为严格，成都安乐寺银钱市场上对于执照也出现了差别很大的价格，这更进一步促使执照发生信用危机。当时成都市面上的执照有大洋执照、厂板执照、杂板执照、铜元执照等，极为紊乱，而发行的商家大小不下数百余家，所以到1927年冬就爆发了执照的挤兑风潮。

　　康泰祥银号因有造币厂做背景，在执照挤兑风潮中宣布它的执照通宵兑现，持有者因知它与造币厂的关系，不同于一般银号，反而不来兑取，故它的执照能与中国银行、聚兴诚银行这几家信用昭著的行庄的执照媲美，因而树立起牢固的信用。至于铸造劣质杂板的军阀们所开的行庄，则趁挤兑高潮，使杂板大批出笼，倾泻在市面上，杂板就如洪水般泛滥起来。于是各商家拒用杂板，形同罢市，杂板买不到东西，换不到铜元。成都南北门大米市停止交易，无米上市，斗殴打架之事、妇孺号泣之声，到处皆闻，全市一片混乱，人心惶惶，人们在执照不能兑现时感到恐慌，而用执照兑到杂板时，同样感到恐慌，由于执照与杂板交织在一起，更加剧了"杂板风潮"。受害最深的还是劳动人民和小商、小贩，他们没有什么存款，持有的杂板都不过是1元、5元的面额，这是他们用辛勤劳动换来的，一家几口要靠此活命，遭到这样的浩劫，喊天不应，入地无门，惨痛之状，真是无法形容！成都后子门街一老妇只为杂板半元买不到柴米，断绝了她一家三口的生路而全家自杀！

银行、钱庄也在执照挤兑风潮中纷纷倒闭。如陈书农的西南银行，才十几万资本，竟发了30万元的执照。用执照套得现金，在春熙路、总府街大肆购买房地产，结果以周转不灵遭遇挤兑而倒闭。成都《民视报》（1928年1月18日）曾有这样一段报道："裕康银行曾大量发出当银元五元执照，还有二串、五串的银票，以过量发行，准备不足，发生挤兑，挤兑人捣毁了行址，搬走家具，连茶瓶都给提走了。"各军也乘机滥发军用券。20军在重庆发行"粮契券"900万元，29军发行"银元票"100万元，28军发行"税券"120万元等。成、渝如此，外县亦复如此。地方上的土豪劣绅，依附驻军，假借声势，也滥发票证，结果都不能兑现，成了一堆废纸，人民深受其害。1911年至1935年，四川军阀以政府机构名义共发行"执照"7110余万元。

货币种类既多，又没有统一的兑换标准。工商业者在上海购进货物，必须购买"申汇"。上海市场供交换的货币，是龙洋和袁大头板，质量高，因此在四川购买申汇，必须视其所交银币质量高低，予以敷水。买1000元申汇，须敷40元至80元，甚有超过300元的。外县劣币尚不予收受，造成商业上极大麻烦，只好提高外货价格，消费者蒙受很大损失。重庆的银钱业，勾结军阀，在边远县份以较高价格收买龙板洋、袁大头、老汉字川板，以运送军需为名，运往上海，再作申汇卖出，获利甚巨。更有运送鸦片烟到上海，然后用同样方法再卖出。鸦片烟、申汇皆获利数倍。当时四川在北京读书的学生有两千人左右，所有学、杂、衣、食、住、行费用，均由家庭负担。省外各县，因币质低劣，邮局不予汇兑（当时银行尚不普遍，汇兑业务由邮局办理），成、渝两地虽能汇兑，但因贴水率高，很多家庭无力负担，以致在北京的四川学生，较长时间生活无着，甚至有衣被卖尽，寒冬盖报纸的凄惨情况。

四川军阀，连年混战，据统计，自护国之役起到二刘战争止，不到20年，大小战争400多起，已经是民不聊生，再加上劣币为祸，使广大民众处于求生不得、求死不能的悲凉境地。当时有人在造币厂大门上贴了三个大字"造毙厂"，一般把货币二字写作"祸毙"，可知民怨之深。人民为求生存，掀起了反劣币运动。1928年1月4日，成都各大中学校学生，在盐道街四川师范学校召开反劣币运动大会，参加的有工会、商会、教联等民众团体，会上发言踊跃，情绪激昂。大会决议三项：

第一，请三军部立即捣毁私人铸币厂；

第二，成都铸币厂每日所铸厂板与杂板（私造板）定一比价，逐日兑换，在短期内将市面杂板全部收清；

第三，严禁良币外运谋利。

会后举行示威游行，人们高呼口号，张贴标语，散发传单，街头讲演，全市为之轰动。

成都市国民党筹备处，见学生及各界发动轰轰烈烈的反劣币运动，为争取舆论，在同月 8 日也召开"成都市民众团体联合会"，三军头也派代表参加，与会者共 600 多人，在省议会会址开会，推三军联合办事处处长向育仁任主席。在讨论中对劣币问题也提出四项办法：

第一，请三军头各派兵一团，交向育仁指挥，用以捣毁私厂；

第二，组织军民联合肃清劣币办事团；

第三，公推向育仁为军民联合总指挥；

第四，举出若干代表，协助向育仁工作。

学生对此很不满意，认为劣币的铸造出自军方，现叫军方来禁止铸造劣币，这不是一出以贼捉贼的滑稽剧吗？要捣毁他们的厂，不是叫他们自掏护心油吗？同时向育仁是第二十四军副军长，是助纣为虐的帮凶，叫他来任铲除劣币的总指挥，岂不是与虎谋皮吗？因此他们坚决反对，继续进行游行示威，街头讲演，情绪更为激昂，报章也有议论。《民视报》有文章提出，反劣币的办法，如："1. 捣毁私厂；2. 减铸半元辅币（指成都造币厂）；3. 统一造币权；4. 将劣币收回，责成另铸；5. 由成都造币厂加铸 1 元主币，减少半元辅币等等。这些理论和方法，是千妥万妥。不过现在银元跌得不得了，物价涨得不得了。如待治本的功夫办到，有钱的大官大商尚可支持，而其他小商小贩、小工业、小官佐、小教员、小丘八、小市民，恐怕年都过不了。现在要求个紧急治标办法：1. 除破烂哑外，一律行使；2. 分定价格；3. 造币厂拿出铜元兑换；4. 严防外县劣币进入……"由此，可以看出劣币惨跌，物价猛涨，人民忧心忡忡，怕年关难过的紧张心情。邓、田、刘三军头，恐怕事情扩大，不能不略事敷衍，乃公布厂板比价：厂板1元（两个半元）定价为8000文；杂板1元定价为5600文。由成都造币厂照此比价收兑杂板，但每人每次只限兑换1元，严令私厂停止铸造。由三军各派兵一营，交向育仁指挥，执行检查任务，这就是三军头所谓"轸念民命，俯顺舆情，作出了最大的关怀"。但是，当时市面厂板价格，1元为7000多文，而杂板品类复杂，质量最高的价不过4000文，最低的仅2000文上下。此时厂杂板反升了值，抬高了市价，这种荒谬措施，实为意想不到之事。其实，这个价格的确定，尚有一场狗咬狗的内情，三军头原拟掉换劣币比价，厂板定为8000文，杂板不论质量高低，一律定为4000文，两个杂板换1个厂板。决定尚未公布，已为私铸劣币的师旅长所知，大为不满，认为厂板8000文，定得太高，是照顾了头头的利益；杂板4000文，定得太低，损害了"群众"利益，大肆鼓噪。三军头心存顾忌，因此把杂板改为5600文。比价公布，群众大哗。过去的杂板，早为人们所唾弃，今忽然提高身价，几高出市价一倍，于是商人不接手，钱摊不掉换。外县劣币因成都官价提高，有利可图，如同巨流，涌向成都，造成市面金融极度紊乱。同时调换厂板，每人只限1元，调兑者人山人海，时与守卫发生冲突，打伤、踩伤事件一日数十起。有的人挤了一天未曾兑得 1 元，反贴了好几角钱的伙食。连续调兑三天，才兑换两万元。而市上杂板之多，无法估计，如此调兑法，调到"民国幺年"，也调不完。何况外县劣币，还在不断流入。商帮人士说："我们一天要卖几十元、几百元，还有上千元的，收进的都是杂板，我们全店人员出动掉兑，也无济于事。现在杂板又骤然增值，过去值两元的货物，现在只能值 1 元了。情况如此，我们只好停止营业，不买进也不卖出，成了变相的罢市"。《国民公报》也发表文章指责："如此比价，则造杂板之利愈厚，利愈厚则铸造者愈多，是不啻谋断绝杂板之来源，而反予以铸造之机，予以重厚之利"。而向育仁带兵捣毁铸币私厂，三军师旅长并不买账，贵州馆街的刁文俊旅部，就架设了机枪；三桥南街曾南夫旅部戒备森严；灌县江防军师长邓国璋、郫县邓部谢德畲等所铸劣币，以成都劣币价格提高，派武装军队护运进城。过去高喊严禁劣币进入，现在却无法抗拒地大量流入。当时商帮已不售货，钱摊不调兑。劣币入城虽多，但已无用武之地，又不能运回去，乃令士兵抬往造币厂调兑厂板。造币厂见来势不妙，赶快关门，士兵在厂外鼓噪，大有冲打造币厂之势，如此骄兵悍将，邓锡侯亦无可奈何，只有停止兑换。从此成都市民连这 1 元调换的机会也没有了。

1930 年是造币厂的一个终点。厂板因人们拒用停铸，铜元因蚀本停铸，铸造含纯银 90% 的大银元，又

因白银原料缺乏，不能正常生产，陷于时停时续不生
不死的状态，只有将厂板收回熔化，作为铸大银元的
原料，市面上厂半元很快又绝迹了。造币厂无法开工，
只好将银、铜各币全部停止，等于关门。奇怪的是，
造币厂停工，社会上并没有什么反应，货币流通，反
而比它开工铸造时要安定得多，这充分说明造币厂在
人民群众心中是怎样恶劣的印象。

三 日伪统治区的通货膨胀

日本帝国主义在侵华期间，实行"以战养战"的政策，一方面，通过发行军用手票，把侵略军的军费强加在沦陷区人民身上；另一方面，又通过成立伪银行，滥发伪币，制造通货膨胀，大肆掠夺沦陷区的物资，给沦陷区人民造成了极大痛苦。

伪满洲中央银行及其纸币

日本在1868年"明治维新"后，逐步走上了对外侵略扩张的军国主义道路，屡次对中国发动侵略，攫夺势力范围。

1927年，日本内阁总理大臣田中义一召集了臭名昭著的"东方会议"，确定了以武力侵占中国东北的方针。1929年，资本主义世界爆发了空前深重的经济危机。日本军国主义统治集团为了缓和国内阶级矛盾，转嫁经济危机，加紧策划侵华，命令日本关东军于1931年在沈阳发动九一八事变，随即占领了整个东北。1932年3月1日，在日本帝国主义扶植下，组成以清逊帝溥仪为首的傀儡政权——伪满洲国。为了控制东北经济，操纵东北金融，早在九一八事变前，日本即酝酿在中国东北创设"满洲中央银行"，但由于条件所限未能实现。九一八事变后，日本占领沈阳、长春、吉林、齐齐哈尔等城市，同时抢占了东三省官银号、边业银行、吉林永衡官银钱号、黑龙江省官银号（以下简称"四行号"）和辽宁省城四行号联合发行准备库、中国银行、交通银行等金融机关及其所属机构，并在沈阳组成由日本关东军、金融界头面人物及汉奸参加的所谓"金融研究会"，审议对东三省官银号和边业银行的《管理办法草案》，把"四行号"等金融机构完全控制在日本侵略者手中。至此建立统一的东北财政金融机构的条件已完全具备，于是，日本关东军于 1931 年 12 月设立了"统治部"，伙同"南满铁路公司"共同谋划建立伪满洲中央银行，并责成"统治部"财务课长五十岚保司负责筹建一切事宜。五十岚主持召开了建立伪满洲中央银行的协商会议，审议《货币法》、《满洲中央银行关系法规草案》等文件，研究建行各项准备及职制、人事配备等有关事宜。1932 年 3 月 15 日，在长春城内被服厂召开建立伪满洲中央银行准备会议。关东军统治部部长兼伪满洲国国务院总务长官驹井德三代表伪国务总理宣布"设立满洲中央银行，将各官银号及边业银行合并起来"的决定，还内定五十岚为建设委员会委员长，并设委员 11 人（日本人 7 人，中国人 4 人，均系"四行号"的顾问或负责人）。此后关东军统治部即将其筹建事项及原立案的一切法规都移交给建设委员会。在这次会议上还讨论了按关东军的意图在"满铁"和"朝鲜"、"正金"两银行配合下草拟的《货币法》、《满洲中央银行法》、《满洲中央银行组织办法》、《旧货币清理办法》，6月11日由伪国务院会议通过公布。经过一系列阴谋策划，1932年6月15日，伪满洲国政府任命了伪满洲中央银行的主要头目。总裁由伪财政部总长熙洽的亲信、原吉林省财政厅长荣厚担任，副总裁由台湾银行理事、伪国务院总务长官驹井德三的亲属山成乔六担任。他依靠驹井德三的势力，控制了伪满洲中央银行的实权。伪满洲中央银行理事共6人，中日各半，另设监事一人。总行的课长、部长握有实权，因之主要职位几乎全为"正金"、"朝鲜"银行和"满铁"派出人员所据有，凡大中城市和边境地区分支机构的经理，几乎全由日本人担任。1932年7月1日开业时，伪满洲国元首执政溥仪、伪国务院总理郑孝胥、伪国务院总务长官驹井德三、伪财政部总长熙洽、伪立法院长赵欣伯、伪实业部长张燕卿等都到场祝贺，可以看出日伪政权对控制金融的重视。

伪满洲中央银行开业最初几年，实行了紧缩货币发行方针。1935年末货币发行额仅比1932年末增长31%，1936年后，伪币发行额才大幅度增加。1941年末发行额已达13.17亿元，比1932年增长8倍。1942年后，随着侵略战争的扩大，伪币发行急速增加，到1945年7月发行额猛增至80余亿元，比1932年增长52倍。及至日本帝国主义战败，最后发行额高达136

亿元，为伪满洲中央银行开业时发行额的 90 倍。

随着货币发行的膨胀，纸币印制也屡有变化。伪币起初是在日本印制，1943 年以后，日本帝国主义侵略战争屡遭失败，唯恐在日本印刷的纸币不能按时运出，便于 1944 年 3 月改为在伪政府印刷局就地赶印。因 5 角券、1 元券、10 元券、100 元券不敷应用，又将凸版改为凹版（橡皮版），印 500 元券、1000 元券。在赶印中，一因求简求快，二因原材料奇缺，便由原七色印刷改为五色、三色印刷。1 角、5 分硬币也变成了纸币。其后 1 元以上纸币竟出现了无号码券，仅存的硬币也都变成小型轻量的了。截至 1945 年 8 月，1000 元券已印就 10 亿元左右，未及发行，日本帝国主义便宣告投降。伪满洲国货币急剧扩大发行，陷入恶性通货膨胀，其主要原因为伪满洲中央银行调查部长庆田 1945 年 2 月在关东军经理部一次秘密会议上道出："通货增加的一个主要原因，不能不说是军费开支。而军费开支又与产业资金相联系，特别是矿工业资金需要的增加。"这确实说出了实情。

第一，滥发伪币，支持军费开支。伪满洲国军费（包括治安费）开支，有双重负担。一是军队、警察费用，一是日本关东军的军费，共占每年财政支出的三四成。其费用逐年增加。1940 年度即为 1932 年度的 3.8 倍多。伪满洲国负担关东军军费，早在 1932 年 3 月 10 日伪满"执政"溥仪给关东军司令官本庄繁的信中就已承诺，只是为了欺骗人民，几经变换形式而已。起初，对日本支出的九一八事变费，以所谓"国防费分担金"的形式，由日本和伪满洲国按比例分担，列入财政预算。此项"分担金"从 1934 年度到 1938 年度，五年间共支出 7250 万元。1939 年伪满新设所谓"北边振兴"（即对苏备战）特别会计，便将此项"分担金"列入特别会计内，其真实数目不得而知。1944年日本财政经济濒临崩溃，同年 7 月又改为由当地"筹措"解决的办法，把关东军军费负担完全压在东北人民头上。日本政府指令横滨正金银行出面代其向伪满洲中央银行借款，日本银行担保。然后，日本政府转账给日本军队，再拨付给关东军，存入伪满洲中央银行总行"关东军"户头。至 1945 年 8 月，在一年多的时间里，"筹措"军费即达 34 亿元。

第二，滥发伪币，用于"产业开发"。实施"产业开发"五年计划以后，设立了许多垄断公司，进行了大量投资。至 1942 年 6 月，已缴资本达 34 亿元，为 1936 年的 13 倍多。如满洲重工业开发股份公司成立不过三年半，直接在东北筹措的资金就达 9.5 亿元，这对东北的通货膨胀不能不发生重大影响。日本帝国主义就是这样把滥发纸币所"筹集"的资金用于投资，掠夺东北资源，榨取剩余价值的。其夺走及就地消耗的工矿农产品数量相当庞大：1942 年到 1944 年的 3 年间，掠夺原煤 1.118 亿吨；1937 年到 1944 年的 8 年间，掠夺农产品 5759 万吨；1935 年到 1944 年的 10 年间，掠夺钢材 1308 万吨（精钢数量尚不在内）。

第三，人民群众饥寒交迫，垄断财阀大发横财。滥发纸币，物价暴涨。"新京"批发物价指数，如以

1932 年平均数为基数，到 1942 年达到 278.5，至 1944 年约上升 2.5 倍，这是按公定价格计算的。当时虽有公定价格，但市场上没东西可买。从 1941 年到 1945 年，生活必需品的 70% 是进行黑市买卖，其黑市价格在日本战败之前，达到公定价格的 3000 倍。日本投降时，白糖每市斤公定价格 3 角 9 分，而黑市价格则高达 100 多元。高粱米每市斤公定价格 2 角 8 分，黑市价格 70 多元。普通工人的一个月工资，按黑市价格仅能买到半斤高粱米或 3 两白糖，广大人民挣扎在死亡线上。与此相反，日本和伪满垄断资本家却大发横财。1937 年到 1945 年 9 月，日本各财团的资本急剧膨胀（包括其在国内的榨取）。三井财团所属公司的资本，由 11.8 亿日元增至 28.2 亿日元；三菱，由 8.5 亿日元增至 21.6 亿日元；住友，由 3.8 亿日元增至 28.2 亿日元；安田，由 2.6 亿日元增至 20.9 亿日元：分别增长了 1.5 倍至 7 倍不等。

伪满洲中央银行在无情榨取和物价暴涨中，也分享了大量剩余价值。1936 年度纯利为 190 万元，1941 年度增至 2823 万元，1944 年度更增至 5565 万元。自其开业到 1944 年的 13 年间，共获纯利 2.096 亿元，相当于已缴资本的 8 倍多。

 伪中国联合准备银行及联银券

1937 年，华北沦陷以后，日寇即扶植大汉奸王克敏于是年 12 月在北平组织伪中华民国临时政府（简称伪华北临时政府），同时指使伪华北临时政府筹设伪中国联合准备银行作为"华北发行钞票之银行"，并"推行一切临时政府之财政事务"，企图垄断华北金融，榨取华北物资。

伪中国联合准备银行于 1938 年 3 月 10 日成立后即发行"联银券"。"联银券"与日元等值，属于日银集团，发行区域为伪华北临时政府所属的北平、河北、山东、山西及河南等日军占领区。因急于出笼，刻制券版已来不及，只得用过去大清银行留下来的钢版，更改银行名称并将摄政王像改为黄帝、关羽、岳飞、孔子等人的头像，票面分别为 1 元、5 元、10 元、100元。由于日本大量支取联银券，充当军饷和抢购物资，致使通货膨胀，物价上升。1944 ~ 1945 年又大量发行500 元、1000 元大钞，并筹划印行 5000 元大钞。

日本侵略战争的巨大耗费使沦陷区工农业生产日趋萎缩，准备金严重不足的联银券发行迅速增加，"联银"成立时资本金额为 5000 万元，到太平洋战争爆发时已接近 10 亿元。截至 1945 年 8 月，联银券共发行1326 亿多元。由于伪造甚多，实际流通量要大大超过这一数字。

据 1939 年 6 月统计，联银券在山东沦陷区各地发行数量为：济南 2687.1 万元，青岛 2600.7 万元，烟台455.9 万元，龙口 21.2 万元，威海卫 11.2 万元。据1939 年 12 月统计，山东沦陷区联银券流通额占华北流通量的 20%，仅次于天津（33.4%），居第二位。整个抗战时期联银券在山东流通数量尚无完整统计，根据估算当不少于 600 亿元。伪钞的滥发，导致了币值下跌和物价飞涨，沦陷区各地出现恶性通货膨胀。据统计，以 1936 年物价指数为 100，1945 年 8 月华北平均物价指数，公定价格为 36700，黑市价格为 393805。如济南，1936 年物价指数为 100，到 1940 年则为 414.3。1941 年日伪政权实行"统制配给制"，联银券进一步贬值。1944 年"联银"发行了 500 元面值的钞票，1945 年发行 3000 元大钞，联银券形同废纸，趋于破产。到日本投降前更发行了 5000 元大钞。通货膨胀政策曾给日本侵略者聚敛财富提供了方便，但终因无法控制，遂造成沦陷区严重的经济危机。

在"联银"成立伊始，曾由伪中华民国临时政府公布《旧通货整理办法》，对中国、交通等银行钞票（不包括民生银行及平市官钱局纸币）印有津、青、山东字样者，准许在一年内与联银券等价流通使用。但未及半年又宣布旧通货第一次贬值，按九折计算流通。翌年 2 月，实施第二次贬值，按六折计算流通，并对民生银行、平市官钱局等省库券及辅币均作折价收兑，又明令规定无论任何借贷存款契约均以联银券为标准。同年 3 月即宣布旧通货一律禁止流通使用，停止收兑。究其原因，一方面是日本为推行战争政策需要尽快建成联银券本币制度（实际上是日元本币制），并且利用法币抢购物资；另一方面则是贬值收兑政策实际上没有造成法币贬值，反而价值较伪钞要高，所以出现了伪钞贴水现象。因此，"联银"只好采取禁用的办法。同年 4 月，日伪政权颁布《扰乱金融暂行治罪法》，规定凡搬运或使用非联银券者，处 10 年以下 1 月以上徒刑，或 1 万元以下 500 元以上罚金。日本侵略者把集中收兑来的大量法币运往国统区和抗日根据地购买战略物资。仅 1941 年和 1942 年就有几千万至几亿元的法币流入山东敌后抗日根据地，同时有相应数量价值的物资遭敌掠取，成为导致根据地财经困难的重要原因之一。在此前后，山东各地银号和一般商号仍有发行银元券、银角券、铜圆券者，后经伪山东省政府强制推行《取缔发行私钞及印刷私钞暂行办法》，限期全部收回销毁，沦陷区市场流通的货币主要就是联银券了。

随着物价渐趋上涨，游资充斥，沦陷区购存货物、囤积居奇（以黄金、棉纱为主）的风气日甚一日，抗战初期遭受严重打击的私人银钱业又一度恢复。如济南银钱行号，在七七事变爆发时有 52 家，到 1939 年 9 月半数歇业、倒闭，全部资金为 43.8 万元；1940 年增为 32 家，钱业资金有 97.8 万元；1942 年为 37 家，放款额达 99.1 万元。青岛、烟台等城市亦有类似情形。1942 年 5 月，青岛共有银钱店铺 17 家，放款 61.4 万元。购存物资和银钱业的恢复，在一定程度上干扰了日伪政权的金融统制。为此，伪华北政务委员会于 1941 年 12 月颁布《金融机关取缔规则》，限定股本金额在 50 万元以上的股份有限公司才可经营银钱业，并需经伪财务总署核准，否则予以取缔。翌年 5 月 15 日又颁布了《金融机关取缔规则施行细则》，对取缔方法、范围、时间做了详细规定。其推行结果，部分银号因不符"法定"资金额被迫倒闭。到 1942 年底，华北沦陷区由 484 家银号降为 268 家，济南由 38 家降为 28 家，青岛则由 17 家降为 8 家。同时，由于联银券急剧贬值，出现了银行、银号存放利率失控现象，日伪政权原规定的利率无法保证实行，暗息增长迅速，并逐步发展到无法抑制的局面。1944 年 4 月，日伪政权在北平召开平、津、青、济四大城市金融业务会议，规定华北八大城市（除上述四个城市外，还有唐山、保定、石门、烟台）存放款利率和实施时间。虽然规定了银号定存一年 2 分的利率，但是各地银号暗息已由 1938 年的 3 分至 5 分上升到此时的 21 分至 24 分。针对这种不利局面，伪华北政务委员会于 1944 年 12 月再次强令各银号增资，规定资本额为 300 万元，需在 6 个月之内办理完竣。因而，到抗战胜利前夕，各沦陷区城市银号绝大多数破产倒闭。

伪联银券在河南也造成了严重的通货膨胀。至 1942 年，在河南沦陷区流通的伪币，已超过 20 亿元。当时沦陷区仅辖开封市及豫北、豫东 42 县，由于兵祸连年，日军到处破坏，生产锐减，物价上涨，自所必然。1942 年，联银券在沦陷区的流通量不断增加，物资生产持续下降，在这种情况下，想稳定物价，无异痴人说梦。直到日本投降，沦陷区物价上涨速度与时俱增。

"联银"发行的伪钞，1944 年的购买力已降至 1940 年时的一半。1944 年 4 月，日军侵占洛阳时，洛阳市内猪肉每斤售价已涨至 2 元，还不易购得，约高出开封猪肉市价的 4 倍。在八年抗战时期，河南全省的物价均大幅度增加，沦陷区市场商品零售价高于战前 3 倍至 5 倍，由于物价不断高涨，引起市场混乱，给商业经营带来极大困难。

1945 年 8 月 15 日日寇投降后，10 月 17 日由国民政府所派的财政特派员会同中央银行接收伪中联，这一祸国害民的伪金融机构至此结束。联银券以 5 元折合 1 元法币兑换，停止流通。

3 伪中央储备银行和中储券

1938 年底，汪精卫公开叛国投敌。1940 年 3 月在日军扶植下，群奸粉墨登场，在南京成立了臭名昭著的汪伪政府。

汪伪政府，是日本帝国主义在沦陷区扶植的汉奸中央政府，是日本帝国主义对沦陷区人民进行奴役和残酷掠夺的无耻帮凶和罪恶工具。

成立"中央银行"，发行纸币，以确立伪府的金融基础，是汪精卫、周佛海等人在组织伪府时向日本提出的一项基本要求。1939 年 12 月 30 日签订的汪日密约规定：除伪北平临时政府所属的华北地区继续行使"联银券"，并承认"联银制度"外，原伪维新政府设在上海的华兴商业银行须继续存在。如果新中央银行成立，新法币发行时，取消华兴商业银行的发行权，已发行之券，须加以收回。关于军票，日本方面避免滥发，积极维持其价值，并以此作为由日本输入物资的决算手段。至于收回，须研究妥善方法。

"华兴商业银行"成立于 1938 年 5 月 16 日，"华兴券"即为该行发行的纸币。因其名义上为伪维新政府所属的银行，其流通范围也只限于上海、南京及江苏、浙江、安徽等日军占领区。而这一地区又是汪伪"中央政府"的基础地区，因此，随着汪伪"中央政府"所属中央银行的成立，新的伪币的发行，"华兴券"的发行权便被取消了。

"军票"是"军用手票"的简称，是日军在其占领区强制推行的一种不兑换的纸币。日本侵略者发行"军票"的目的是在没有任何准备金的条件下解决侵华日军的军费问题，同时，又借以打击在占领区流通的法币，削弱中国的抗战力量。由于日本主要是以发行军票作为解决侵华军费的主要手段，因此，日本坚持在汪记"中央银行"成立并发行新的伪币时，必须继续维持军票的发行与流通。

汪伪政权既然是一个傀儡政权，对于日本的上述种种要求，也就自然地遵命奉行了。

1940 年 4 月 11 日，伪中央政治委员会会议通过成立"中央银行筹备委员会"案，任命周佛海为筹备委员会主席，钱大櫆为副主席，陈之硕、柳汝祥、陈君慧、张素民、梅哲之、夏宗德、顾宝衡等人为筹备委员会委员。5 月 3 日周佛海召集筹备委员会第一次会议，决定将伪银行的名称，定名为"中央储备银行"，并决定于 10 月 10 日正式成立。

7 月 15 日，日本政府就汪伪政权"设立新中央银行"的问题，作出原则性规定，即同意汪方成立"中央银行"。关于华兴商业银行的发行权的处理及今后该行的职能，待研究后再进行必要的调整。但是，在新"中央银行"开业之时，为了防止新币对军票的冲击及在华中体现日华金融上的协力，须秘密与日方联系协调，并作出以下具体规定：

第一，新"中央银行"必须聘请日本人做顾问（在事变中顾问具有决定一切的权力）。

第二，新"中央银行"的外汇须存于日方银行。

第三，中方为实施军票对策，应对日方提供一定数量资金的协助。

第四，确认日方在军票对策上所采取的各项施策，并承认将来亦有权实施扩张军票对策的有关措施。

第五，"中方"有关新币的流通地区及发行量，应随时与日方商议。

第六，"中方"如实行与军票对策有影响的措施时，须事先与日方协商。

除上述各项规定外，还要求汪伪政权在伪中央银行成立时发表声明，宣布"新中央银行的运营，不但不与军票对策抵触，而且须以相互协力为宗旨"。

同日，日本的中国派遣军总司令也拟定了《新中央银行设立后通货处理纲要》。《纲要》规定，"关于新中央银行，出于扶持中央政府的立场暂根据该政府的希望，让其做发行的准备。该行的经营范围，以不损害军票对策为限，并应紧密与我方联络协商。关于军票，必须强化维持其价值的施策，以便使事变的完成不受丝毫阻碍，为体现日中在华中金融上的合作，在缔结日中间必要的协定的同时，让中央政府在军票对策方面采取必要的措施。不论何时，如果发现新币有妨害军票的作用时，要对新中央银行的经营或新通货的形态作必要修正"。

9月10日，日本兴亚院作出了《关于新中央银行设立后华中通货处理》的决定，规定"中国方面"要在日方援助下设立新"中央银行"，发行与法币等价的新通货。关于该行的经营，要紧密与日方联络协调，以建立"日中"金融协作的基础。除此，要签订协定，保证该行的经营不给军票对策造成坏影响。与此同时，令其采取必要的措施，并就各项措施作出具体规定。如以借款的形式，向华兴商业银行借款5000万元美金；新"中央银行"的新币应存入日方银行；新"中央银行"发行的通货价值基准，目前与法币同等，但在法币显著下跌的情况下，要订立独自的基准。而且，为防止新通货对军票的不良影响，新"中央银行"必须以日人为顾问，使其参与谋划银行重要业务；关于新"中央银行"保有的外币的管理及运用，由"日中"双方委员组成的委员会实施，"中方"为维持军票价值，应向日方提供一定数额的资金协作等等。

日本为实施上述各项决定，于1940年10月2日成立了"新中央银行及新通货对策委员会"（简称新通货对策委员会），作为汪伪"中央银行"的指导机关。

12月6日，"新通货对策委员会"根据上述日本兴亚会议决定的"华中通货处理之件"，出台了《中央银行详细指导暂行要领》。这个《要领》明确而具体地规定了新"中央银行"及其发行的新通货的职能，以及其与"联银券"、军票间协调事项和流通区域等。通过这一系列决定，日本在确保对新"中央银行"的控制和维持"军票"的流通后，乃于12月17日，由日本"大使馆"参事官日高信六郎与周佛海签订了《关于成立中央储备银行之觉书》。

《觉书》共计八项条款。其中除准备金的借款条件外，关于顾问条款规定：根据"中日"双方的协议，"中国方面"招聘日本人一名为最高顾问，同时招聘顾问和辅佐若干名。有关银行的营业、理事会的重要决议，对政府的贷款及公债的承受，国外汇兑和外国银行的关系事项，与"蒙疆"及华北的关系事项等，都必须经顾问的咨询与同意。就是说，顾问具有决定一切的权力。除此，对有关银行保有的外汇存放、管理、运用，对伪币与军票的关系，与联银券的关系，及华兴券的处置等，都作了明确规定。《觉书》的签订，确定了"中央储备银行"是在日本掌握之下的一个地地道道的对沦陷区进行残酷掠夺的金融工具。

在周佛海与日高信六郎签订《觉书》之后，"中央储备银行"的成立，才终于有了可能。是日，伪行政院会议通过了《整理货币暂行办法》及"中央储备银行"正副总裁及理、监事会人选。《暂行办法》规定："中央储备银行"有发行、兑换货币的特权，其名称也称"法币"。凡纳税、汇兑及一切公私往来，一律行使，与现行法币等价流通，以后逐渐统一。"中央储备银行"以周佛海为总裁，钱大櫆为副总裁，同时设有理事会和监事会。理事会以周佛海、钱大櫆分任正副理事会主席，监事会主席则由周佛海的亲信罗君强担任。

12月20日，周佛海发表声明称：为成立"中央储备银行"，"数月以来，竭虑殚精，积极规划，所有积金准备，营业方针，内部设置，以及钞票发行等一切事宜，一一筹备就绪"，定于1941年1月6日在南京成立并开始营业，并于重要都会分别设立分会。声明还说明了"中储券"发行办法及与法币、军票和联银券等之关系。

12月21日，周佛海主持召开"中央储备银行"第一次理事会。会议通过该行各局、处长人选及上海分行和苏州、杭州、蚌埠各支行经理人选，并且聘日本金融专家木村增太郎为顾问。

1941年1月6日，伪中央储备银行宣布开业，总行设于南京中山东路1号。继南京总行开业后，1月20日，上海分行（设于外滩15号）开业；2月10日，苏州支行（设于观前街189号）开业；3月3日，杭州支行（设于太平坊大街2770号）开业；5月19日，蚌埠支行（设于二马路294号）开业。此后，相继在芜湖、南通无锡、嘉兴、常熟、太仓、扬州、镇江及日本东京等地设立办事处。

伪中央储备银行对外宣称为"中华民国国家银行"，其业务范围分为特殊业务及普通业务两类。特殊业务是：①发行本位币及辅币之兑换券；②经理国库；

③承募内外公债并经理其还本付息事宜。普通业务是：①经理国营事业款项之收付；②管理全国银行准备并经理各银行汇拨清算事宜；③代理地方公库及公营款项之收付；④经收存款；⑤"国民政府"发行或保证之国库券、证券、公债及息票之重贴现；⑥国内银行承兑票据及国内商业期票、汇票之重贴现；⑦买卖国外支付汇票；⑧买卖国内外殷实银行之即期汇票、期票；⑨买卖"国民政府"发行或保证之公债库券；⑩买卖生金银与外国货币；⑪办理国内外汇兑及发行本票；⑫办理以生金银为抵押之放款；⑬以"国民政府"发行或保证之公债库券为抵押之放款；⑭"政府"委办之信托业务；⑮代理收付各种款项等。

在"中央储备银行"开业的当天，便开始发行"中国国民储备券"，即"中储券"。据悉，该券是在日本印制，交给侵华日军带到中国占领区强行发行的。这种伪钞的图案、印刷技术，都是极其粗糙的，而且纸质软薄，多折几下就会起毛，用手指弹之，几乎没有什么响声。因此，群众讽刺它为"阴冥纸"。从"中储券"的粗制滥造、票额巨大、纸质低劣就不难看出，日伪当局的发行指导思想是：掠夺中国物资，榨取人民财富。

"中储券"的流通区域，仅限于上海、南京、杭州及苏、浙、皖三省日军占领区。伪财政部发表公报称："嗣后人民纳税、汇兑及公私往来，一律行使新法币。"对于仍在上海、南京、杭州及苏浙皖日军占领区流通的法币，"暂准与中央储备银行之法币等价流通。如有意存破坏、拒绝收受等情事，一经发觉，定当依法惩处，不稍宽贷。"伪财政部长周佛海并发表谈话，宣称："新法币发行后，如旧法币跌至相当程度以下，当即稳定新币制。对于由香港流入上海的旧法币，将加以相当的限制"。

南京伪政权是汪精卫集团从政治上破坏中国抗战，充当日本帝国主义帮凶的侵略工具。伪中央储备银行的成立和伪币的发行，则进一步从财政金融上破坏抗战。

重庆国民政府为抵制伪法币的推行，采取了相应措施，在上海租界的中央银行、中国银行、交通银行及中国农民银行坚决拒绝收受伪法币。汪伪财政部为迫使重庆国民政府所属银行接受伪法币，派遣特务对上述银行及其职员采取爆炸、逮捕，直至集体杀害的残酷手段，在汪伪特工总部的残酷迫害下，四家银行不得不于4月17日被迫宣布停止营业。

接着，9月1日，伪财政部规定即日起，在伪法币流通区域，所有关、盐、统各税及其他中央税收，一律改用"新法币"及"新法币支票"；一切地方税收，在已经设立"中央储备银行"分行、支行及办事处的地区，收用"新法币"；而在未设"中央储备银行"分行、支行、办事处的地区，或"新法币"尚未普遍流通的地方，"仍暂准以旧法币缴纳"。

上述措施确实使伪币在相当程度上得以广泛流通，但此时日伪仍未能禁止法币的流通。伪法币地位的完全确立，是在日本发动太平洋战争之后。

1941 年 12 月 8 日,日军突袭珍珠港,发动了太平洋战争。是日,在上海的日军进入租界,不仅劫收了租界内重庆国民政府的产业,封闭了中央、中国、交通、农民四行,而且还接管了英美等敌国的产业,包括英国的汇丰银行和美国的花旗银行。这样,便使法币的存在失去了依托,为伪币的全面推行提供了条件。为促使伪币的顺利推行,日本还通过汪伪政权对上海的中国金融资本家进行拉拢。12 月 26 日,周佛海奉命在上海设宴招待上海各华商银行的经理、董事长,如唐寿民、周作民、吴震修、吴蕴斋、叶扶霄、胡惠春等。会上,日本财务官小原正树及上海日军特务机关长宫崎繁三郎发表谈话,表示今后要以"中央储备银行"为中心,负责安定金融。周佛海则宣称,伪行"希望对内与金融界合作,对外与日本协力,以完成其使命"。

此后,日本便决定全面排斥法币的流通。12 月 25 日,日本中国派遣军总司令部草拟了《伴随大东亚战争华中通货金融对策暂行纲要》,提出:以收回军票为目标,确立华中地区新的通货制度。1942 年 1 月,汪伪最高经济顾问青木一男据此草拟了一个《华中通货对策要纲》,提出:①使"中央储备银行"成为华中、华南中国方面唯一发行货币的银行,以加强"中方"金融机关的统制力;②使"中储券"作为华中、华南的统一货币,在 3 月 31 日以前,与旧法币脱离等价,将旧法币驱向敌方区域,用以购买敌方区域物资之用,渐次强制扩大"中储券"的流通区域,并采取间接禁止旧法币流通的措施；在一定时期全面禁止旧法币的流通使用。4月1日以后，逐步废止军票，全部使用"中储券"。

1942年3月6日，日本兴亚院会议决定了《伴随大东亚战争的开始华中通货金融暂定处理要纲》。其主要内容是：以打垮旧法币为目标，乘此时机，实行新旧法币脱离等价关系；在不构成支持旧法币的情况下，为了获得敌方物资，将旧法币向敌方驱逐，并考虑禁止其流通的措施。限制旧法币存款，使其向新法币存款转变；废止旧法币的牌价基础及作为贸易通货的职能，强化"中央储备银行"作为"中央银行"的职能；使"中央储备银行"迅速成为日方军票及其他必要资金的调剂银行。为此必须整理与扩充顾问制度，以加强对"中央储备银行"的控制，使其在运营上同日方全面协力。并决定封闭中央及中国农民两行，将中国及交通两行进行改组重新营业，使其与重庆断绝关系。

3月7日，日本最高经济顾问青木一男拟定了《中央储备银行限制以旧法币兑换新法币之实施纲要》，定于3月9日实施。为此，3月8日上午，周佛海召集"中储行"干部会议，决定照此实施。但是，未等周佛海向各分、支行及办事处通知，日军已将《纲要》在报上发表。周佛海认为日方此举，"似无异告人以新旧法币将脱离矣"。因此紧急电告各分、支行及办事处：自3月9日起，拒绝以法币作为"中储券"之存户；3月9日起，收受法币即作为法币存款，收受"中储券"即以"中储券"存款，分别记载，不得混同；以法币兑换"中储券"者，以300元为限。

日伪此项措施的结果，造成市场上的货币投机和物价飞涨。3月18日，日本新通货对策委员会便又提出了《新通货对策的紧急措施》，决定新旧法币迅速脱离等价交换。21日，"中央储备银行"电告各分、支行及办事处，自3月31日起，停止"中储券"与法币的等价交换，兑换率以法币100元兑换"中储券"77元，并停止"中储行"门市兑换，改由指定钱庄负责。同时规定了各地兑换的定额。23日，在"中储行"实施此项措施的同时，伪财政部也饬令税务机关，从即日起，各项税款一律接收"中储券"。

3月30日，伪财政部发表布告，正式宣布"中储券"与法币脱离等价，比价为77比100，并公布《修正整理货币暂行办法》，规定：自3月31日起，纳税及一切公务开支，一律使用"中储券"。自5月20日起至26日的一周时间内，"中储券"与法币的比价天天变动，从74比100，直降至50比100。27日，周佛海发表声明，宣布即日起以"中储券"为苏浙皖统一通货，禁止重庆国民政府法币流通，旧法币仍以2比1比例兑换新法币。31日，伪财政部公布《整理旧法币条例》及《收回旧法币办法》，规定：自6月8日起，至21日止的两个月内，以法币100兑换"中储券"50的比率，实行新旧法币全面兑换。此后，则更禁止使用法币。六天之内，伪中储行通过政治压力，强行将法币贬值，由原来等价使用而改为一对二之比，从而造成物价空前飞涨，人心惶惶，市场上一片混乱，广大人民遭受巨大损失。

7月6日，"中央储备银行"广东支行成立，"中储券"开始在广州等日军占领区内流通使用。7月10日、8月10日，广州和汉口也相继施行新旧法币全面兑换。至此，"中储券"不仅在陇海路以南的所有日军占领区流通使用，而且成为唯一的通货。至1943年2月15日止，在日军占领下的上海、南京、苏、浙、皖三省及广州、武汉等沦陷区，法币先后被全面禁止。

从日伪规定"中储券"与法币脱离等价时起，法币的币值一贬再贬，这无疑是以金融为手段，对沦陷区民众的财产进行残酷剥夺。而且，并不是所有的法币都可以兑换成伪币，如规定兑换的范围以中央、中国及交通银行的钞券为限，券面非上海地名者不予兑换；超过1万元者，只能作为"中储券"现钞存款等等。

日本侵略者之所以要以"中储券"为其占领区内的唯一通货，其目的有二：一是假手"中储券"，以维持军票的价值；二是便于对占领区物资的掠夺，特别是在其国内物质极度匮乏，无力以物资维持军票价值的情况下，更是以"中储券"作为其获得军需物资的简便手段。

关于维持军票的价值，在1940年12月17日汪日签订的《觉书》中就已明确规定：为维持军票价值，"中国方面"应向指定的日方银行存入一定的通货存款。这项规定的实质，就是便于日方以"中储券"代替军票，解决其军费。1942年8月10日，伪中央储备银行更与日本正金银行签订《军用票及中储券之互相存款契约》。按照该项契约的规定，当正金银行需要"中储券"资金时，就由正金银行收入"中央储备银行"一定数量军票，"中储行"则按军票数额以 18∶100 的比率折存"中储券"，作为正金银行在"中央储备银行"的存款。

这项契约的签订，使日本侵略者实现了利用汪伪中央储备银行作为军费和其他资金调剂银行的目的。如其所承认的那样：依据本项措施，作为"中储券"的筹措是最简便的方法，正金银行在任何时候都可提取其所需资金。对于日本来说，由于有了这个《契约》，即使是不再发行军票，也不会在资金供给上发生困难。因此，1943 年 4 月 1 日起，日本政府决定在华中、华南占领区停止发行军票；在华日军的军费支出及其在"中央储备银行"的存款、借款、汇兑等项支付，亦不再使用军票；上海市银钱业一切支付不再使用军票，并停止军票开户；以前所有军票户头，则折合"中储券"支付。军票与"中储券"之比率仍为 18∶100。日本大藏省就此发表谈话称，军票之发行虽经废止，然不采取回收军票或将军票债权债务等改为"中储券"价款之措置，并承认军票之流通及军票价款之债权债务得继续存在。

日本侵略者这一决定，是进一步公开以不负任何责任的方法，在其占领区内取得重要资源和保证日军的需用。也就是说，日本将其侵华战争的战费，完全转嫁到沦陷区的民众头上。

"中央储备银行"开业时，虽然号称资本金 1 亿元

（法币），但实际上除了有 200 万元的开办费外，其余款项都不过是在日本正金银行办理了内部转账。而"中储券"的发行，无论是对于汪伪政权，还是对于日本来说，都是出于财政需要，毫无物资保证。

伪中储行发行伪币的速度，初期比较缓慢，随着日军军事上不断失败，经济上加紧掠夺，实行所谓"以华制华、以战养战"的政策，伪币发行额恶性膨胀，不断增大。1944 年 6 月已发行数种 500 元券，翌年 4 月又发行两种 1000 元券，6 月发行 5000 元券，7 月还发行了万元券，此后还发行了 10 万元券和百万元券。日军投降后据伪发行局毛仁坫说，伪币发行总额共约 4 万亿元，但他也不知确数。

伪币恶性膨胀，物价不断狂涨，市场混乱，民怨沸腾，日伪财政经济面临崩溃。但日军仍梦想挽救危局，于 1945 年 5 月 7 日起，由伪中储行发行"金证券"，票面分 1 两、5 两、10 两三种，并从东京运来一批黄金（金条上无字，市上称为光条），以应付市面，维持伪币币值。此项"金证券"共发行四期：第一期每两为伪币 78 万元，兑出黄金 13957 两；第二期每两为 83 万元，兑出 30602 两；第三期每两涨到 120 万元，兑出 30027 两；到了第四期每两激增为 204 万元，兑出 27444 两。四期共兑出黄金 10 万余两。仅仅两个月，金价上涨了 1.6 倍。随着金价猛涨，水、电等费上涨 5 倍以上，尤其是米价，由每石伪币 10 余万元直线上涨到 150 余万元，其他物价都如脱缰之马直飞猛涨，伪币泛滥成灾，中国人民损失不赀。

四 国民政府与通货膨胀

国民政府时期的通货膨胀，较清末及北洋政府时期尤为严重。在抗日战争时期，由于日本帝国主义的侵略，国民政府统治区日益缩小，法币急速贬值。而在抗日战争胜利后，又由于蒋介石为发动内战筹措军费，进一步把中国人民拖入了恶性通货膨胀的深渊。

和缓通货膨胀阶段

自国民政府 1935 年 11 月实行法币改革后，即大量增加法币发行额。据统计，1934 年底全国主要银行发行的兑换券（包括中央、中国、交通三行及其他主要商业银行）总计 5.6 亿元，到 1936 年 1 月即宣布法币改革办法之后两个月内总发行量已达 7.8 亿元，发行额增加的绝大部分是中央、中国、交通三行的法币。到 1937 年初法币发行额已达 13 亿元。抗日战争前夕约计发行额为 15 亿元，比法币改革前增一倍多。在这两年多的时间内，法币流通情况尚属正常，外汇尚能按规定汇率自由买卖，一般物价也很少出现波动。这是因为币改后原有的大量银元退出流通，代替这部分银币流通的法币在客观上是必要的，所以法币虽有增发，并未超过流通中货币的需要量。待抗战爆发后，华北、华中大量人口向西南迁移，法币逐渐集中于几个大中城市，因而这时的物价已有上升趋势，但其幅度仍不很大。自 1939 年以后国民政府连年财政入不敷出，收支差额愈形悬殊，加以沿海、中原、湘桂军事屡屡失利，财源枯竭，发行公债的办法已行不通，便开动印刷机大量印制法币。纸币无限制的发行，引起物价无止境的上涨，二者互为因果，一发不可收拾。

法币发行自抗战爆发到 1938 年底，每年增加 40.6%，1939 年起开始迅速增加，平均每年增加 87.2%，1942 年以后，平均每年增加 132.5%。

抗战期间法币的通货膨胀大体上经过两个阶段：从 1937 年 7 月到 1938 年，法币发行是增加的，但是物价上涨跟不上或者仅仅相当于法币发行的增加，例如 1937 年 12 月法币发行指数为 117%，而重庆物价指数为 98%，1938 年 12 月法币发行指数为 164%，而重庆物价指数为 164%，这是法币的和缓通货膨胀阶段。

抗日战争初期，通货膨胀和缓发展的原因，主要在于人民群众坚决拥护抗战，因此对国民政府所发行的纸币给以信任，并且通过认购公债等方式予以支持。抗日战争以前，法币的流通，偏于华中、华北、华南一带。至 1937 年 6 月法币发行总额为 14 亿元：流通于华北者，约 4 亿元；流通于华中者，约 8 亿元；流通于华南者，约 1 亿元；流通于西南、西北诸省者，实属有限。东部各省、华北一带，法币虽被日伪禁止使用，但沦陷区人民窖藏法币已成为普遍现象。另一方面，西南、西北法币流通有所增加。历次发行的战时公债，除救国公债6亿元有半数系直接向民众募集者外，其余大都以预约券方式向国家银行抵借。战事发生之初，人民激于爱国热情，尚可利用同仇敌忾心理，收效一时。过去国民政府的公债是以向银行界抵借的方式发行的。抗战初期，人民群众第一次认购了救国公债，这对于国民政府弥补财政赤字、减少法币发行起了一定的作用。同时，1937年、1938年、1939年农业收成较好，如重庆这三年的粮食价格指数，均低于1937年上半年的平均数（仅1939年最后三个月的价格指数略有超过），这是因为川省在1936年灾荒之后，1937年的收成转佳，而1938年、1939年更获丰收，1938年稻谷产量较常年增加一成九，1939年较常年增加一成五，供给一时超过需要，故这几年的粮价较战前跌落。当时国民党统治区15省的粮食产量，除少数省区外，都是以1938年、1939年为最多。因此农产品和以农产品为原料的工业品价格上涨较慢。抗战初期，国民政府在上海抛售外汇，美英继续在中国倾销工业原料和工业产品，对市场物价也起了一定的影响。同时，抗战初期，人民群众在战争和大转移过程中，携带的现钞数量增加，货币流通速度也趋于缓慢。战局展开以后，内地与口岸间的交通路线距离遥远，因之商业资本的周转速度，较战前减低不少。如战前四川商人往上海办货，其资本平均每年可周转四五次。战局展开以后，货物往返须绕道越南，运输时间往往达半年甚至七八个月之久，其资本周转每年不到两次，货币流通速度之减低，无疑需要增加筹码。商人担心银行不能保证支付，因此愿意携带现钞，不愿意汇兑，这也增加了货币流通量的需要。由于上述政治及经济因素的影响，使物价上涨的速度慢于货币发行增加的速度。如到1939年底，法币发行额较1937年6月增长3.04倍，而同期重庆的物价指数为1.77，孤岛上海的物价指数为3.08。

 ## 恶性通货膨胀阶段

抗日战争初期，中国军队未能成功地抵挡住日军的攻势，中国重要农业、工业产区大部丢失。日军占领了华北、长江中下游、江汉、珠江四大平原及天津、上海、广州、武汉等主要工业区；占有了中国土地的1/3，中国损失了农业生产能力的40%、工业生产能力的92%；中国与世界联系的主要通道被截断。到了1939年6月，孔祥熙在给蒋介石的密函中透露，财政收不抵支状况日益严重。抗战前的1936年，财政支出亏短已在2亿元以上。抗战爆发后，开支激增，1937年下半年和1938年全年的一年半间，财政支出共32.9亿余元，而收入只有7.6亿余元，亏短达25.2亿余元。除了发行公债外，主要靠银行垫款，最终是依赖发行钞票。1937年6月法币发行数为14亿余元，以后逐月增加，到1939年4月止，已达28亿余元，增加了

1 倍。在 1938 年 8 月以前,每月增加数为 0.2 亿~0.3 亿元,9 月以后,每月增加数经常在 1 亿元左右。由于财政收支短缺数与日俱增,此后发行数量更是逐月增加。

在财政政策方面,抗战后发行的公债有短期国库券、救国公债、国防公债各 5 亿元,建设公债、军需公债各 6 亿元。到 1939 年 4 月底,已发行 24 亿元,其中向一般工商业者和居民募集的现款只有 2.1 亿元,其余均系向中央、中国、交通、农民四行押借,而四行的资金来源又主要靠货币发行。除公债外,还派募大量乡镇公益储蓄券等,以及增加各种捐税。所谓战时过分利得税,也只是有利于资本额大的官僚资本企业,不利于资本额小的民族资本企业。对手工业和工业原料也开征统税,县城、集镇往往可以任意开征通过税,越是小工商业者越受到层层盘剥。对农民压榨最重的是征实和征购。征购的价格与市场价格相差甚远,有时还不用现钱,而是搭配一部分转眼就不值钱的库券或征购代价券。1941 年起实行田赋征实,国民政府强迫人民收受日益贬值的法币,而农民在缴税时必须缴纳实物。这种掠夺式的财政政策,严重破坏了后方农业和工商业经济的再生能力,加速了通货膨胀。在这种情况下,国民政府统治区工农业生产日益衰退。粮食产量,国民政府统治地区 15 省 1940 年普遍下降,1941 年的冬季作物产量也普遍下降。四川籼稻 1943 年较前五年(1938 年到 1942 年)平均产量下降 6.9%,棉花 1942 年较前四年(1938 年到 1941 年)减少

41.4%，甘蔗减少 33.5%，菜子 1943 年较前五年（1938 年到 1942 年）减少 27.6%。1940 年四川粮食产量为常年的六成八，当年粮价大涨，自 8 月到 12 月上涨三倍，到第二年 7 月，上涨七倍半。农产品的减少，必然影响到以农产品为原料进行加工的工业产品的减少。1940 年起棉花减产，1942 年棉花比上年又减少20%，因此，1940 年起棉纱开始涨价，2 月至 3 月，上涨一倍多。国民政府一贯依靠美英帝国主义，在战前，不但工业品以及一部分工业原料不能完全自给，就是农产品也须从国外进口。从武汉失守到太平洋战争爆发，物资输入减少，各种器材缺乏，使整个生产能力降低。1941 年实是后方工业发展的顶点，此后即开始走向衰退。国民政府统治地区工农业生产的衰退，使投入流通的商品大大减少，商品流通所需要的货币量相应降低。而国民政府的军政开支却迅速增加，财政赤字也相应增大。国民政府企图更多地向人民借债，但是，战事旷日持久，一面币值低落，一面物价高涨，宣传失其效力。人民群众并没有因为战事旷日持久而失去抗战热情，只是由于国民政府丧失人心，人民群众拒绝予以支持。1942 年 4 月公债劝募的成绩，仅为债券发行的 1/6 强。后来国民政府改用"派募"，即以摊派方法推销公债，无异宣告公债政策的彻底破产。同时，沦陷区的法币开始回流，自 1942 年 6 月敌伪在华中禁止法币流通后，法币流入较流出为多。不论在沦陷区或国民政府统治地区，法币都不得人心。解放区为防止法币贬值的掠夺，决定发行自己的货币，也缩小了国民政府实施通货膨胀的区域。所有这些都使法币的流通地区大大缩小。同时，人民群众为减少法币贬值所带来的损失，迅速推出法币，又大大加速了货币流通的速度。因此，由于商品流通量减少；由于法币自沦陷区大量回流，汇集到国民政府所统治的西南西北一隅之地；由于货币流通速度大大加快，自1939年起，物价上涨的速度超过了货币增发的速度，进入了法币的恶性通货膨胀阶段。

随着抗日战争的深入，国民政府的军事开支日益庞大，1937年就占全部支出的87.61%，1938年占81.47%，1939年占73.02%，1940年占90.13%，1941年占69.02%，1942年占60.65%，1943年占67.90%，1944年占73.49%，1945年只军事、特别支出就占71.33%。

同时，国民政府又从预算中拨出大批款项，用以发展国家垄断资本。预算中所谓建设费用，八年平均占21.92%。孔祥熙宣称："抗战以来，政府即努力于国家资本之建立，每年预算中均有巨额之资本支出。"这里，且不计国民政府的军事工业，单只对资源委员会1937年至1947年的预算拨款即达12.6亿元，平均每年占预算支出的1%，最高一年达2.8%。国民党五届五中全会承认，法币增加的原因，一为"借垫库款"，一为"筹集建设资金"。

由于不断增加军政开支和进行国家垄断资本投资，国民政府财政赤字巨大。据财政部国库署统计室的档案材料，总支出中，军政费用占70%至80%，赤字也占 70% 至 80%。这说明两者之间存在着密切的关系，庞大的军政费用带来庞大的财政赤字，财政赤字又依靠中央银行垫款解决。

国民政府解决财政赤字的途径，就是实行"无限制的通货膨胀和无限制的物价高涨"政策。为了实行通货膨胀政策，国民政府修改了法币的发行准备制度。抗日战争以前，中央银行就没有遵守现金准备六成、保证四成的规定。自 1939 年起，更把法令偷偷修改。根据财政部 1937 年至 1941 年业务分析，"自 1939 年下期始，政府批准中、中、交三行辟另账发行数额。是项发行数额特许全部以保证充分准备。自后发行弹性增大，数额遂亦日见趋大"。

国民政府于 1939 年 9 月 8 日公布《巩固金融办法纲要》。现金准备的内容，以前只限于金银、外汇两项，这时规定："法币准备金于原有之金银及外汇外，得加入下列各款充实之：一、短期商业票据；二、货物栈单；三、生产事业之投资（即股票）"。要做到"发行数额之弹性，实不致受后项之规定而有减缩"。此时，发行法币时国民政府所吹嘘的法币"十足准备"，"现金准备至少为百分之六十，余则为保证准备"的诺言全不算数了。一部分用"保证"作为准备，只要有财政部的一纸借据，就可以充做准备。另一部分虽然保留了现金准备的名义，但是现金准备的内容已非"金银外汇"，而是票据、股票、栈单。解除这些束缚以后，国民政府就可以更加放手地实行通货膨胀了。

国民政府的通货膨胀政策受到各阶层人民的强烈

反对。1940年秋，国民政府立法院财政经济委员会委员长、立法委员、重庆大学商学院教授、中国经济学社社长马寅初，向立法院提出向发国难财者征收临时财产税的议案，并同时在报刊发表文章，指责孔祥熙和宋子文："有几位大官，乘国家之危急，挟其政治上之势力，勾结一家或几家大银行，大做其生意，或大买其外汇。在做生意之时，以统制贸易为名，以大发其财为实……至于这几位大官大买其外汇之事实，中外人士，知之甚稔"。"中国的几户'大贪污'，其误国之罪，远在奸商汉奸之上。吾人以数百万同胞之死伤，数百万万财产之损失，希冀获得胜利以求民族之快快复兴，决不愿以如是巨大之牺牲来交换几个大财神，一个握财政之枢纽，一个执金融之牛耳，将吾人之经济命脉，操在手中……要求政府对发国难财者从速开办临时财产税，先从大官之中发国难财者入手，令其将用政治势力所获得的不义之财，全部提出，贡献于国家，以为其余发国难财者倡。"马寅初1940年10月在《时事类编》发表《对发国难财者征收临时财产税为我国财政与金融惟一的出路》一文指出："从1937年到1940年，战费是完全由没有钱的人负担了。抗战以前法币14亿元，到1940年达60亿元，增发法币就是对人民的剥削。从前月薪300元的，现在只顶30元，其中被征发的达270元。下等人出力、中等人出钱、上层发国难财。前三年的仗是穷人打的，第四年的仗叫上层拿钱，把他们的财产和外汇拿出来。"蒋介石于1940年12月逮捕马寅初，把他先后关在贵州息烽集中营和江西上饶集中营，等于宣告国民政府将一意孤行，继续推行通货膨胀政策。

法币于 1939 年进入恶性通货膨胀阶段。自 1939 年起，物价上涨的速度开始超过法币发行增加的速度。1939 年 12 月，法币发行指数为 305 倍，物价指数为 355 倍。此后差距日益扩大。1945 年 6 月法币发行指数为 282 倍，物价指数为 2133 倍。1939 年是由和缓通货膨胀转入恶性通货膨胀的关键年份。货币的对内贬值和对外贬值，基本上是一致的，而自 1942 年起对外贬值又快于对内贬值。按对内价值，1942 年 12 月，一元法币相当于 1937 年法币的一分二厘八，按对外价值却只值二厘四，自此以后，一直保持 5 倍的差距。到抗日战争胜利时，法币的发行额已达 5569 亿元，即约增发了 400 倍，而同期重庆的物价上涨约 1800 倍。

法币贬值必然反映在物价上。抗日战争爆发时，湖南临湘县"阴丹士林布"、"学生蓝布"每匹（10 市丈）市价为法币 20 元上下，"双喜布"每匹也不过 10 元左右，"宝庆布"每筒 25 匹（窄布），市价为十四五元，棉纱每箱（亦称件）40 小捆，市价一百一二十元。1939 年，阴丹士林布、学生蓝布每匹 200 元左右，棉纱每箱 1000 余元。1940 年，阴丹士林布、学生蓝布每匹市价已突破 10 万元。1944 年日寇侵入湖南独山时，阴丹士林布、学生蓝布每匹的市价涨到 17 万元上下，双喜白布也要卖十一二万元，棉纱每箱为 300 余万元。

1937 年 11 月，浙江省丽水县物价低廉，鸡蛋每只

2分，猪肉每斤2角。而到了1943年至1944年间，国民政府发行的纸币票面越来越大，先由50元到100元，后一度变换花招，发行"关金券"，以20元兑100元，当时人们认为关金券靠得住，曾出现暂时的稳定。后来关金券越来越多，人们才知道上当受骗，于是把关金券视同为法币。

接着而来的是市场货物奇缺，有钱买不到东西，物价如脱缰野马，不断飞涨，不得已只好加大票面，于是1000元、5000元、10000元的巨额钞票大量出笼，温州自制的卷烟20支装每包售价1000余元。浙江丽水民宅的水纹门窗，入冬须糊桃花纸，而纸的价钱不止1000元，于是有人用1000元的钞票糊花窗。

 3 恶性通货膨胀的加剧及

法币体系的崩溃

法币的通货膨胀，由于国民政府在抗日战争胜利后，进行反共反人民的内战，而进入了加剧和崩溃阶段。

抗日战争结束时，各地物价和黄金、外汇价格普遍猛烈下跌。1945年8月胜利前夕，重庆平均物价已涨到1937年的1585倍，到9月份即跌落到1226倍，10月份更下降到1184倍。1945年7月，重庆黄金黑市曾涨到每两199075元，8月跌至111424元，9月更跌至66728元。重庆美钞价格1945年7月为每1美元合法币2889元，8月即跌到1745元，9月更跌到968元。这一切都说明当时严重的通货膨胀得到一个喘息的机

会。而且国民政府手中还握有黄金 400 万两，美汇 9
亿元，又从沦陷区接收了大量敌伪产业，这对于整顿
金融稳定法币都是有利条件。

　　但是，国民政府为了发动反共反人民的内战，解
决庞大的军费开支，变本加厉地继续实行恶性通货膨
胀政策。1946 年预算支出为 25000 亿元，而实际支出
则为 55000 亿元，超过预算一倍以上，其中军费支出
约占总支出的 2/3。巨额赤字完全靠增发法币弥补。
5000 元、10000 元大额钞票陆续出笼，同时还印发大
量的 200、500、1000 面额的关金券。随着内战日益扩
大，法币的发行数量也更加庞大，其对内对外价值一
落千丈。

　　国民政府在 1948 年给美国政府的备忘录中不得不承
认这种恶性通货膨胀是进行内战的结果：由于"反共战
事需要"，"支出超过预算，1945 年预算 2638 亿元，实
支 15860 亿元；1946 年预算 25250 亿元，实支 87190 亿
元；1947 年预算 93700 亿元，实支 42 万亿元。""军费
占的比例 1945 年为 52.3%，1946 年为 41.4%，1947
年为 50.1%。"根据中央银行经济研究处材料，军事支
出加上特别开支，1945 年为 71.33%，1946 年为
54.4%，1947 年为 59.8%。国民政府承认"反侵略战
争结束，不但未减轻国家财政上的压力，而事实上反
而加重了"，1946 年支出"超过 1945 年五倍半"。

　　国民政府还承认，由于人民不支持反革命战争，
"国家收入在全部国家支出中，税收 1945 年占 7.7%，
1946 年占 7.7%，1947 年占 21.5%"，对比 1936 年占

53.2%、抗战八年平均占 14.7%，税收大大减少了。税收实值，"1945 年为 1936 年的 7%，1946 年为 1936 年的 28%"。"出售产业、物资和国营企业收入，1945 年占 22%，1946 年占 29.9%，1947 年占 6.7%"，同样呈现减少的趋势。"债款收入，1945 年 0.4%，1946 年 0.1%，1947 年 3%，而 1936 年占 34.2%"。国民政府债信已经全部丧失，国内告贷无门。1947 年 4 月两度发行国内美金公债、库券，法定总额 4 亿美元，但 9 个月时间，认购的只有 5600 万美元，仅占财政开支的 3%。国民政府只好越来越依靠中央银行垫款，垫款在开支中所占的比例，"1945 年为 66.8%，1946 年为 57%，1947 年为 67.2%，而抗战八年平均为 71.7%"，中央银行对财政部垫款 1945 年 12 月为 66769 亿元，1947 年 6 月为 126565 亿元，1948 年 7 月为 2364160 亿元，而"大量依靠银行垫款的结果，是通货膨胀"。

国民政府承认"自 1945 年起，发行膨胀，速度比抗战时更快"。"1947 年 6 月增加额比 1937 年 6 月到 1945 年 12 月总增加额还多。"国民政府承认："印刷机不能生产出足够的钞票"，"钞票不够"。中央银行总裁在 1947 年 5 月 31 日报告中说："连月支应浩繁，钞票产量有限，生产与支出不能配合，券料输送已到随到随罄之境地。"连法币的印制，也靠美国，1947 年国内仅印 58 万亿元，国外印制达 137 万亿元。"所有运输工具大都以飞机是赖。当飞机运到目的地，亦因物价上涨不合需要，时有徒劳往返之憾。"1947 年 11 月 27 日中央银行监事会决议，刚印好的 50 元、100 元新券因"用途已少，分别煮销"。

国民政府只得承认，这是"狂奔性通货膨胀威胁"，法币"膨胀的恶性循环"，其危险性"比共产党叛变更为广泛"。"物价狂涨已推翻了社会秩序和政治信心。"

八年抗战期间，以1937年6月为基期，至1945年8月日本投降，法币发行增加394倍，物价上涨1585倍。而三年内战期间，仍以1937年6月为基期，至1948年8月，法币发行增加到45万倍，重庆物价上升至150余万倍，上海物价上升到490余万倍。抗战刚结束时，上海比重庆物价低，国民政府迁都南京后，上海又复为全国金融中心，游资汇集，投机猖獗，物价便逐步高过重庆了。

通货恶性膨胀，物价飞速上涨，出现了10万、50万面额的法币，1948年关金券5万元大钞（等于法币100万元）也出笼了，纸币发行达到天文数字，物价却比它更快地飞上了天。当时有人比喻说，战前够买一头牛的法币现在还买不到一根火柴。这话并不夸张，如果认真地计算，恐怕只能买1/3根火柴。物价如此飞涨，而且瞬息数变，致使国民政府1948年度的概算都无法匡计了。

据四联总处统计，批发物价指数，上海、南京、汉口已为抗战前上半年的600余万倍，天津为750万倍，广州为450万倍，重庆为280余万倍。照上海物价计算，全部流通中的法币总购买力只等于抗战前上半年法币的1亿元左右。五金器材竟涨到1100万倍。

正当工商业凋敝已极，只有在投机买卖中出现一片假繁荣，由抗日战争时的"工不如商，商不如囤"，变成"囤不如金，金不如汇"，使广大劳动人民啼饥号寒，奄奄一息。有人统计，100元法币的购买力，1937年可买两头牛，1945年可买两个鸡蛋，1946年可买1/6块肥皂，1947年可买一个煤球，1948年可买1/5两大米，1949年可买1/50万两大米。在如此狂奔的通货膨胀下，人民，甚至连资本家都备受痛苦。

金城银行有一个储户，做了30多年的小学教师，微有储蓄，准备作子女的教育费用。这笔钱在战前存入时，可以买2500斤大米，但到1948年中，却只能买一根油条。这家银行曾借了大量的钱给国民政府，但战后国民政府却只按当时的数额和利率归还，在数十万倍的通货膨胀下，实际上就是赖账不还却又赚回有借有还的面子。

在超高速的通货膨胀下，不仅人民再也不能忍受，就连国民政府的财政收支工作也很难维持，刚刚做出来的支出预算，马上就因通货膨胀而成为废纸。常言道，通货膨胀要靠通货膨胀来维持，就是说通货膨胀到一定阶段，会自动地不以人的意志为转移地加速，这个速度如此之快，连它的发动者都叫苦连天。于是蒋介石等人便决定废除法币，发行金圆券。

金圆券对人民群众的掠夺

金圆券发行于1948年8月20日。其时正是辽沈、淮海、平津三大战役前夕。国民政府在军事上、政治上、经济上均已处于劣势。从 1946 年 7 月到 1948 年 6 月，国民党军队已由 430 万人降为 365 万人，人民解放军由 120 余万人增加到 280 万人，由防御转入进攻。国民政府统治区，广大工人、学生、教师、文化界、市民和民族资产阶级反饥饿、反内战、反迫害斗争风起云涌，国民政府已陷于孤立，失败的命运已定。另一方面，国民政府财政经济资源即将耗尽，外汇已经枯竭，黄金库存只有 200 余万两。据美国国务院 1949 年公布的白皮书，国民政府的外汇资产 1948 年 1 月 1 日只有 1.3 亿美元，1948 年底或 1949 年初即将全部用完，这对于国民政府来说是极大的困难。例如中国航空公司，汽油均依赖沪上英美两国的石油公司，因此均须凭美汇购买，政府给予中航公司的官价美汇仅 50 万美金，这笔美汇不足给付该公司外员薪金及添购飞机零件之用。"用油问题已面临绝大困难，如在数日内仍无解决办法，则中航公司可能暂时停航。"外汇断绝，使国民政府依靠美国物资支持的经济机构和军事机构，有陷于瘫痪之虞。国民政府为了掠夺金银外汇，进行垂死的挣扎，决定发行金圆券。

金圆券发行办法规定，所有以前发行的法币，以 300 万元折合 1 元，实质上就是废弃法币，而一张 100 元面额的金圆券，就可等于 3 亿元的法币，这样，纸币的最大面额就由原来的法币 500 万元币券，一跃而为 3 亿元了。

发行金圆券更重要的目的，是凭恃武力掠夺金、银、外汇。国民政府的法令规定，不在限期内兑换或存储者，"其黄金、白银、银币及外国债券一律没收"，外汇资产不登记者，"处七年以下有期徒刑"。就是依靠这种政治暴力，自 1948 年 8 月 23 日至 10 月底，国民政府掠夺了黄金 1654970.190 两，白银 9038535.166 两，银元 23546860.29 元，以及数千万元美钞，合计共约值 2 亿美元。

国民政府宣布金圆券改革后，已值人民解放战争进入战略决战时期。辽沈战役和淮海战役旋即胜利进行，国民政府已风雨飘摇，因而金圆券的发行迅速增加。不足三月，就由 8 月 20 日的 2 亿元，增加到 11 月 9 日的 19 亿元。在国民政府的限价政策下，1948 年 10 月 2 日，上海首先发生了抢购风潮，市民见物即买，深恐一夜之间因币值大跌而深受损失。在头 40 天中，日用品的存货就销售出大部分，绸布店的棉布售出数 10 万匹。粮、油、糖、纸、橡胶等也均脱销。到 9 月 30 日，政府决定收购金银期限延长到 10 月底。这一决定的公布，无异于宣告金圆券信誉扫地。人们明白新币准备的空虚，物价控制在 8 月 19 日水平已是不可能的了。从 10 月 2 日起，南京路一带著名绸布店和河南路的呢绒店，开门后人群蜂拥而入，架上货物顷刻卖空，商店的营业额比平时增加三四倍到十多倍，各店货物种类不全，小菜场上鲜肉绝迹，蔬菜又贵又少，食油抢购一空，很多商店的橱窗、货架上已没有任何商品。这个抢购风潮迅速蔓延到天津、北平、汉口、南昌、昆明、苏州、杭州、镇江、芜湖、无锡、屯溪、扬州、合肥、福州、厦门、台北、兰州等地。天津"百分之九十九的货架都空空如也"。北平"米麦粮食店早已十室十空"。后来发展为全国规模的抢米风潮。"上海抢米风潮，一天达二十七处之多。抢购的范围已扩展到一切可供充饥的食物。""米荒使整个上海的各种机构陷于瘫痪之中。"黄金、美钞黑市也复活了，而且迅速上涨，10月13日，美钞涨到11元（官价4元），黄金390元（官价200元）。商店的货物卖掉了，补不进货，因为厂里补不进原料，纷纷宣告停工，最后形成的已经不仅仅是金圆券崩溃的局面，而是整个经济崩溃的局面。

面对经济和币制崩溃的危机，国民政府急忙于11月1日宣布撤销限价，改限价为"议价"，11月12日宣布修正金圆券发行办法及金、银、外币处理办法，将金圆券的含金量降至4.4434公毫，允许人民持有金、银、外币，并公开宣布"金圆券"贬值80%。与此相应，原来200元一两的黄金，一下提高至1000元；白银每两兑换15元，银元每元兑换10元，美钞每元兑换20元。同时，宣布撤销金圆券的发行限额。

解除物价冻结以后，压抑了70余天的物价立即飞腾，如上海白米每石限价为23元，11月1日升到80元，到12月便涨至1800元。

金圆券20亿元发行限额正式宣布撤销以后，11月当月即增为33.94亿元，12月为83.20亿元。进入1949年后，更是疯狂增加，3月发行金圆券5000元及10000元大钞，4月又再发行5万元和10万元大钞，5

月再发行 50 万元和 100 万元大钞（亦即为法币 3 万亿元券），中央银行还印就了 500 万元券，但未及发行，上海就解放了。而这时的物价，已不是几日一个大涨风，而是一日数次大涨风。上海有一家商店，就曾一日改换了 16 次商品标价；城市中市场的买卖，已都是以黄金、美钞或银元标价，农村中则盛行物物交易。各地金银、外币的黑市价格，早已冲破了官价。8 月 23 日，金圆券发行后的第三天，天津美钞的黑市是每元换金圆券 4 元 1 角 8 分，24 日又跳升 4 元 3 角 5 分。广州美钞黑市也在 24 日起超过官价。重庆黄金黑市在 9 月 2 日每两超过官价 30 元，汉口黄金黑市在 9 月 6 日每两超过官价 25 元。广州、汉口银元的黑市也在 9 月 2 日以后突破了官价。到 11 月 11 日，各地金银、外币的黑市都超过官价 5 倍以上。这天，行政院只好又颁布"修正人民所有金银、外汇处理办法"，准许人民持有金银、外币，并把金银、外币的兑换券一律提高 5 倍。不久金银、外币的黑市和物价一样狂涨起来。1949 年 6 月 25 日，行政院规定银元 1 元等于金圆券 5 亿元。而四川省政府早在同月 12 日宣布银行 1 元等于金圆券 7.5 亿元。21 日重庆银元的黑市，1 元等于金圆券 25 亿元。物价涨势迅猛，一日数变，劳苦大众一天的微薄收入，到晚上，也因物价的涨势而遭七折八扣。据湖南省临湘县一些老人回忆，金圆券在贬值的时候，物价一日暴涨数次，买一担米的钱，到第二天就只能买斗把米了。由于金圆券面额低，物价飞涨，买东西时嫌点数麻烦，只能用秤称票子，有时一担票子还买不了一担谷。那时商贩只要银元，拒收金圆券，即使收了金圆券，也如同捧火一般必须尽快抛出去。4月的一天，成都湖广馆街西南茶厅，开始营业时，茶价每碗7000元，不到两小时，已涨到万余元，引起顾客争执，以致动武，打坏了全堂桌椅，并打伤了服务人员。风声所播，很多商店因之关门停止营业，更有商家怕货卖出去，就买不回来，不愿卖货，借此关门，形成罢市。可见当时金融情况的紊乱，社会秩序的动荡不安。

金圆券流通时期的物价：

1948年8月19日

黄金一两换金圆券200元

银元一枚换金圆券2元

米双市石值金圆券10元3角

1949年6月22日

黄金一两换金圆券900亿元

银元一枚换金圆券10亿元

米双市石值金圆券97亿元

由这些数字可以看出，从法币改金圆券，短短10个月，黄金涨了4.5亿倍，银元涨了5亿倍，大米涨了9亿倍，其他物价上涨的幅度，也与金银大米不相上下。四川边远县份，多已拒用金圆券，由各商家自制票证，有铅印、石印、木刻、油印和自书的不同形式的票据。还有以废弃的法币，写上数目，加上号章，当做现钞，流通使用。另外还有茶券、酒券等，花样繁多，不胜枚举。也有以物易物作交换的。成、渝两地的公务人员、教师、工人都发给米、柴、油等实物。重庆市郊饮茶、吃饭亦多以大米支付。工商交易，银钱业往来，则暗中使用银元。金圆券已失去交换价值，等同废纸。偏居广州的国民政府，眼见金圆券已无法维持，迫不得已，遂于 6 月 22 日宣布停止流通，这只吃人无餍的"金老虎"就此被宣判了死刑。当时有一调寄"虞美人"的词写道："法币金圆贬值了，物价涨多少！小民日夜忧涨风，币制不堪回首改革中。金圆标准应尤在，只是价格改。问君能有几多愁，恰似一簇乱箭钻心头。"

5　短命的银元券

1949 年 4 月 21 日，中国人民解放军奉命向全国进军，国民党统治残余狼突豕窜，盘踞西南、西北一隅之地，企图顽抗到底。这时，金圆券已经崩溃，国民党统治残余又阴谋发行银元券，进行最后一次欺骗。

国民政府的残余部分逃亡到广州时，被迫拿出发行金圆券时掠夺到手的黄金、银元、港币来支发经费。1949 年 4、5、6 三个月，根据财政部长徐堪 1949 年 7 月 16 日的报告，支出的金银外汇如下：

银元 34435970 元

白银 700000 两

黄金 195610 两

台币 4435 亿元

各种外币折合美元 24605396 元

此外，还积欠银元 5000 余万元。

根据徐堪的报告，每月支出需要 4500 万元，包括军费 2800 万元，政费 1200 万元，紧急预备金 500 万元。收入方面，据阎锡山承认，只有 900 万元。每月赤字在 4000 万元左右，约占 80%。在这种情况下，国民党统治残余企图重施故伎，通过再发行一种纸币来弥补赤字。

国民政府为了做垂死挣扎，自 1949 年 3 月就开始策划印行银元券。1949 年 7 月由代总统李宗仁、行政院长阎锡山公布银元券发行办法。徐堪给阎锡山的报告，叙述了"近月以来，度支失调，金融紊乱，人民对于纸币失去信心，不仅政府收支无可凭借，工商买卖亦因媒介缺乏，陷于瘫痪停顿之困境"。他认为，"我国民间习用银元，信任硬币，自法币、金圆两度贬值以来，此种趋势尤为明显。为便于重建币信计，拟先恢复银元本位，以旧有二十三年帆船版银币为标准，准许流通行使，而大量铸造陆续发行。"其目的仍是做发行纸币的文章："银元硬币体质笨重，较大数额之收付，即感携带运送之不便，在现代经济生活中原非最适宜之制度，而政府库存金银外汇尚相当充实，可以发行若干币券与银元同样流通行使。""指定若干都市，责成中央银行负责兑现。"同时，又准备掠夺民间所有外币，"持有外币者，得以之为外币存款"。为了便利分赃，还准许各省军阀"发行面额一元之银元兑换券及银元辅币券，相辅行使"。这就是说，广东薛岳发行的大洋券等也可以合法流通。财政部长徐堪自夸：这是"最危险而勇敢的币改办法",实际上这是最卑劣而无耻的欺骗和掠夺。

逃亡到广州的行政院 1949 年 7 月 4 日公布"银元及银元兑换券发行办法",规定:"以银元为本位,""银元一元含纯银 23.493448 公分。"最重要的文章则在于发行银元兑换券:"银元兑换券之面额分为 1 元、5 元、10 元、50 元、100 元五种。""辅币券之面额分为 5 分、1 角、2 角、5 角四种。""银元铸造未充分时,银元兑换券之兑现,得以黄金为之,其兑换率由中央银行挂牌公告。"

国民政府当时已处在分崩离析阶段。为了便于就地掠夺,互不负责,规定了广州、重庆的不同券别,以便随时停兑。银元券的发行,广州自 7 月 4 日开始,重庆自 7 月 8 日开始。

所谓银元券,并不保证随时随地兑现,而是"指定广州、重庆、福州、衡阳、桂林、昆明、贵阳、成都、兰州等地办理",也就是说,在其他地方不能兑现。同时兑现的还不一定是银元,"得以黄金为之",金块的价值较大,在一定数量以下的银元券就无法兑现。因此,银元券实质上仍然是不兑现的纸币。

由于国民政府的欺骗已被彻底揭穿,而且国民政府的统治已根本动摇,因此,银元券的发行一开始就遭到人民的拒绝。人民解放军不收兑华南、西南伪币的声明,更有力地推动各地人民拒绝使用银元券。

当时在国民政府盘踞下的广州,银元券的发行遭受了重大的挫折。由于群众估计到国民政府无所不为,很可能滥铸银元，降低成色，从而引起了银元行市的下落。原来银元 1 元，可以兑港币 8 元，后来降低到只能兑 6 元、4 元，7 月中旬，下跌到 3.3 元。解放军在华中前线发动强大攻势以后，群众将银元券兑换银元，发生了第一次挤兑。国民政府不能完全兑现银元，被迫抛出一部分黄金外汇，银元券与银元开始脱节。7 月 25 日株洲解放在即，当局为了随时将银元券局部作废，在银元券上加盖地名，于是广州又再一次发生挤兑风潮。中央银行不得不宣布停止"无限制兑现"，并规定每人兑现不得超过百元。于是，银元券在一天之内，便由每元兑 3.4 元港币暴跌到只能兑 2.4 元港币。当局被迫改用港币发薪，发行才一个月的银元券就基本上垮台了。

银元券的发行，在西南西北各地都受到群众的反对。

1949 年 8 月 26 日，重庆西南行政公署主任张群打电报给财政部长徐堪："银元券在川康两省，除成都、重庆两地兑现以外，各县乡镇以兑现不便，形成普遍拒用现象。而重庆市又以银元供应有限，在 100 元以上之兑现，多以黄金条块充用。复因在川部队领款集中渝市拨发，因各县拒用银券，各部队领款均一致要求给付银元，而中央银行仍多以黄金条块支应"，"遂致市场金价跌落。""银元券对银元发生贴水。""削弱币信，动摇人心。""银行钱庄擅定收银元付银元，收银元券付银元券办法。"

西康各地不在兑现地点之列，刘文辉 1949 年 7 月

18 日打电报给徐堪："改币（发银元券）后来省又未经指定有银元兑换地点，人民鉴于数次币制贬值之损失，对此尤为疑虑，必致视同金券拒绝使用，央行运到银券以此尚未发行。"云南的卢汉 1949 年 7 月 6 日也打电报给徐堪说："人民鉴于以往币制各项措施信心失去"，"币改之办法甫颁，而惶恐之象又起，决非政治力量可以强迫推行。"中央银行昆明分行打电报给徐堪说："金圆券所给予人民之印象恶劣万分。"云南在发行金圆券时移存中央的外汇约美金 400 万元，对此卢汉"尤为懊丧，今欲发行新币，而不在昆明兑现，势难免遭彼及人民之反对。"

西北的马步芳 1949 年 8 月 2 日打电报给徐堪告急："兰州黄金市场太小，银元枯竭，抛售无方，几等废物。"

国民党统治区财政支出大于收入，使银元券的发行超过库存，因此，随出随兑，到处都是库存不敷兑现的告急电文。贵州省主席谷正伦 1949 年 11 月 7 日打电报给财政部长关吉玉说："央行银元兑现已呈停滞状态，运到现洋 10 万元，仍无济于事，深恐酿成挤兑风潮，后果堪虞。影响戡乱前途至巨。"

广西的白崇禧 1949 年 11 月 22 日写信给关吉玉，指出广西中央银行库存金银只有 7 万余元，一个多月运来的银元只有 30 万元，而广西政府开支约 300 余万元。白崇禧提出必须每月给银元 200 万元，才敷兑现。并指出，因为只在桂林一地兑现，柳州、南宁等地就行使不了银元券。

拒用银元券的风潮，终于导致银元券的完全崩溃。各地纷纷拒用银元券。连国民党的军队也拒用银元券，30军军长鲁崇义电称："本军驻地（四川绵竹、德阳、罗江一带）一律拒用银券，较大商店于交易后，当面将银券撕毁。"财政部1949年11月23日给行政院报告说："若干地方及部队拒用银券，时有所闻。"谷正伦给行政院电报中承认："银元券信用崩溃"，"陷市场于停顿状态，人心惶惶，不可终日"。军事上，"遭受如此重大挫折，银元券失信于民实为重要原因"。财政部1949年10月29日承认"广东一带地方市面，现仍以港币为交易之媒介，各地商品并以港币为基数标价"。银元券在短短几个月时间内就完全崩溃，成为国民政府所发行的最短命的一种纸币。

银元券的发行说明，只要人民群众完全识破了国家垄断资本主义的通货膨胀阴谋，并且坚决起来行动，就能够及时制止国家垄断资本主义的通货膨胀剥削，并且使它所发行的纸币成为一文不值的废纸。银元券崩溃的历史，宣告了国民政府在大陆地区实行的通货膨胀政策的最后终结。

 6　信用膨胀与通货膨胀

在实行通货膨胀的同时，国民政府还实行了发展国家垄断资本主义的信用膨胀。

抗日战争时期，国家垄断资本主义迅速发展。1925年底，全国工业资本为250844098元，其中官营工厂资本不过 30197729 元，仅占资本总额 12% 强。1941 年国民党统治区"工业资本的总额共达 16 亿元，官营事业部分约占 8 亿元，居资本总额 50%，内中资源委员会所属事业部分占 6 亿元，其余各省官营事业占 2 亿元"，这还不包括军需工业在内。

国家垄断资本主义资本积累的来源，一部分依靠财政拨款，更大部分依靠银行投资和放款。因为在通货膨胀的情况下，货币迅速贬值，低利放款就等于补贴。所以，资委会所属各事业，除创建经费是由政府拨款外，所需营运资金，历年都由国家行局贷助。而中央、中国、交通、农民四行，信托、邮汇二局的投资和放款的目的，主要在于扶植国家垄断资本主义企业。例如，1943 年四大银行放给钢铁业贷款 5 亿元，但资源委员会就分去了 27000 万元，孔祥熙的中国兴业公司独得 18000 万元，剩下归民办厂的只有 5000 万元。这就足以说明，国家银行的贷款，90% 以上是用于发展国家垄断资本主义。

为了发展国家垄断资本主义，四行二局实行了信用膨胀，贷款远远超过其全部存款。

根据国民政府 1939 年 9 月《巩固金融办法纲要》的规定，短期商业票据、货物栈单、生产事业投资（即股票），均可充当法币发行的现金准备。因此，国家银行对于国家垄断资本主义企业的投资和放款，也就可以作为现金准备，增加法币发行。至 1945 年底，国家行局放款 14131 亿元，比存款 6188 亿元多出 7943 亿元，这是加速法币通货膨胀的一个重要原因。

法币的恶性通货膨胀及其后来进入崩溃阶段，则是在美帝国主义支持下，国民政府进一步发展国家垄断资本主义的结果。国家垄断资本主义的加速发展，要求大大增加财政投资和银行放款，这就助长了法币通货膨胀的发展。

国民政府在抗日战争胜利后，在所占领的地区，独吞敌伪产业。

首先是由资源委员会接管重要的工厂，分别组织托拉斯式的经营。电力方面，以冀北电力公司垄断天津、唐山、张家口的电力，并接收青岛、鄂南、广州、海南等七个电厂。煤炭方面，接收了井陉、淄博、大同等煤矿。以中国石油公司垄断东北、台湾、上海石油工业。接收天津、唐山、青岛、石景山钢铁厂、大冶钢铁厂和汉冶萍公司。以华中矿务局接管苏浙皖铁、铜矿。设立中央机器公司接收上海、天津机械工业。以中央电力器材厂接管电工事业。此外还设立了天津化学工业公司、华北水泥公司、天津造纸公司、天津耀华玻璃公司。在台湾接管台湾电力公司、糖业公司、机械造船公司、纸业公司、制碱公司、肥料公司、水泥公司、金铜厂、铝厂、炼油厂。资源委员会所属工厂 1941 年只有 78 个，1945 年就达到 128 个，1947 年达到 291 个。

除了由资源委员会垄断主要工业外，国民政府还掌握了中国纺织建设公司、中国纺织机械公司、中国蚕业公司、中国植物油料厂、中华水产公司、中华烟草公司等重要的垄断性企业。

国家垄断资本主义除了采取"国营方式"垄断重要行业外，还大大扩张他们的"民营"企业，如宋子文的南洋兄弟烟草公司、扬子电气公司、淮南矿路公司、孚中公司，孔祥熙的华福公司、扬子公司，还有 CC 的齐鲁公司等。这些工业需要投入的大量流动资金，主要依靠预算拨款或银行贷款解决。例如中国石油公司资本一次增资 50 亿元。南洋兄弟烟草公司 1946 年底借款达 30 亿元。中国纺织建设公司拥有 200 万纱锭，成立之初，与中央银行订立了 200 亿元的透支合约。CC 经营的齐鲁公司向四联总处借款 360 亿元，付价款 200 亿元，还剩 160 亿元。这就是说，它的流动资金，绝大部分是依靠通货膨胀筹措的。

在这一时期国家行局的普通放款余额也迅速增加。1945 年为 14131 亿元，1946 年达 79921 亿元，1947 年达 511950 亿元，1948 年 6 月为 3738770 亿元。

国家行局 1946 年的放款统计，说明了发展国家垄断资本主义的信用膨胀，已经成为法币通货膨胀的重要因素。

1946 年 12 月法币发行 37261 亿元，四行两局普通放款余额 79600 亿元，放款超出发行一倍以上，根据"短期商业票据"、"生产事业之投资"，即股票可充法币发行的现金准备的规定，这种放款和投资，助长了法币的通货膨胀。四行、二局、一库是旧中国的国家垄断资本主义的神经中枢。在蒋介石统帅之下，孔、宋分别据有中央、中国银行，二陈据有交通、农民银行、中央信托局、中央合作金库和邮政储金汇业局。

国民政府就是通过这些银行来投资企业，发展国家垄断资本主义的。这些银行都享有进行通货膨胀、信用膨胀的特权。中央银行固然直接享有发行纸币和保管政府机关存款的特权，其他三行二局由于有权以"特别通融的方式，向中央银行挪用头寸"和吸收政府机关的存款，也间接享有通货膨胀、信用膨胀的特权。因此，它们可以为所欲为地进行信用膨胀，以发展国家垄断资本主义。当时就有人指出，中央银行通货发行 37261 亿元，四行二局放款 79600 亿元，这是榨取民脂民膏的两条吸血管。

旧中国的国家垄断资本主义企业是腐朽的，没有生命力的，它必须依靠财政投资、银行放款的补贴才能生存，不可能为财政提供利润收入。因此，国家垄断资本主义的发展，必然带来扩大财政收支赤字、助长通货膨胀的恶果。在抗日战争时期，国家垄断资本主义的发展，已经发生了助长通货膨胀、信用膨胀的作用。国民政府发动内战以后，国家垄断资本主义疯狂地进行扩张活动，为法币的恶性通货膨胀和信用膨胀起了火上加油的作用。例如 CC 派为了大量抢购金钞，既不愿自己拿现款购买（因为拿自己的钞票购金钞，仅能保值而已，不能赚取巨额利润），就设法向中央银行借款。他们促使宋子文发放巨额贷款，美其名曰"生产贷款"，用厂基及机器作抵，并指定上海及外埠 12 个城市的四行总处同时开办，实际上就是为了抢购黄金美钞。有的工厂早晨从中央银行领取所谓"生产贷款"巨额支票，来不及通过交换所交换，即直接到市场上抢购中央银行抛出的黄金，在中央银行抛售黄金的收款中，就发现有本行当天上午所发出的生产贷款支票。仅在阴历年关几天内，四联总处就放出650亿元的"生产贷款"，这无异自决堤防，当然要遭灭顶之祸。

7 外汇黄金政策与通货膨胀

法币制度，抗日战争前是依靠帝国主义的支持和策划建立起来的，在抗日战争爆发后，又企图依靠帝国主义的贷款以维持其币值。从抗日战争开始到1942年2月，美国贷款62500万美元，英国贷款8800万镑，都作为"支持中国外汇基金"、"法币平准基金"。孔祥熙所办的《财政评论》说："这些借款皆直接间接有助于法币之安定。"国民政府依靠美英帝国主义的支持，以出售外汇和黄金为掩护，实行通货膨胀政策。

国民政府认为维持法币价值的关键，在于"无限制买卖外汇"。因此在抗日战争前，就开始把中国人民数百年来所储藏的银元、银块、黄金等运送到美国去换取外汇。

抗日战争开始后，席德懋在1937年8月2日致孔祥熙密函中称："自7月13日～31日，因中日战争危机抛售外汇3885000镑，3884000美元。""上海时报、商业金融报对我国政府措施将汇价钉住在较低水平，无限制供应各方需要，从而支持您1935年11月3日宣布的政策，是表示赞成的"。根据邹宗伊的记载："当卢沟桥事变发生直至八一三沪战爆发为止，政府出售外汇数量渐增至每天约 20 余万镑，仅在此 36 天内，共售出 750 余万镑，合法币 12400 余万元。"

1938 年 3 月 10 日，华北伪中国联合准备银行成立，图谋以伪币换取法币，套取外汇。国民政府为此颁布《购买外汇请核办法》，随之就出现外汇黑市。半年间每元法币由值英镑 1 先令 2 便士半跌至 8 便士左右，国民政府于是命令中国银行出面维持。1939 年 3 月依靠贷款，成立 1000 万镑汇兑平准基金，在黑市无限制买卖外汇，以稳定法币 8.25 便士的黑市价格。日本帝国主义更于华中创办华兴银行，发行伪钞，强制收兑法币，扩大套取外汇的规模。但国民政府仅于 1939 年 6 月初旬暂行停售外汇，在黑市汇率跌至 6 便士半左右以后又出面维持。1940 年 12 月法币外汇黑市跌至 3 便士多一点。1941 年 4 月，国民政府向英美借款成立中英美平准基金 11000 万元，继续抛售外汇。然而这一办法既不能阻止日伪套取中国外汇，也不能限制国民党权贵的资金外逃，却妨碍了正当工商业者对外汇的需求。于是他们只能求助于黑市。同时日伪也用种种办法搜刮沦陷区的大量法币，在黑市中套购外汇，因而外汇黑市逐步上涨。1938 年 4 月，美金黑市为 1 美元等于法币 3.75 元，（超出官价 0.42 元多）。此时，战前用白银换来的外汇即将用罄。1938 年 10 月，中国银行拨出 100 万英镑暗中维持法币的外汇行市，但当时通货膨胀已现端倪，购买外汇者日多，黑市仍不断上涨。1939 年 3 月国民政府又与英国共同组织"中英外汇平准基金委员会",由中国、交通两行供给 500 万镑,汇丰、麦加利两行借给 500 万镑,继续维持法币汇价。当时英汇已由 1 先令 2 便士半降为 8.5 便士了。所谓维持汇价是保持法币 1 元值 8.5 便士,并不是 1935 年规定的汇率。1940 年 4 月,又由中国银行拨出美金 2000 万元,并商得英国借款 500 万镑,美国借款 5000 万元,组织起"中英美外汇平准基金委员会",继续供应外汇,但不再维持 8.5 便士的汇价,而是采取"自然水准"。

这一时期,中国的外汇中心事实上是在香港。自抗日战争爆发后,官僚资本银行的总管理处即由上海移到香港,一些私营的大银行也加强了在香港的业务。而且"平准基金委员会"的英国和美国委员们也在香港。当时香港的进出口贸易额成倍地增长,外汇活动十分兴盛,香港因此而成为中国外汇业务的重心。香港的金融资本既可遥控沦陷区的分支行,又能与国民政府统治区的分支行相呼应,形成沪、港、渝战时金融的三角线,而以香港为枢纽,作为外汇的吞吐地。这种金融三角线的局面一直维持到 1941 年 12 月 8 日太平洋战争爆发,日军占领香港和占领上海租界,才告结束。

1942 年外汇市场的重心开始内移。是年 7 月国民政府向美国借款 5 亿美元,放弃法币对英镑的联系,改为只与美元联系,确定法币对外汇价为 1 美元等于 20 元法币。由于在此以前,中国银行已按 20 比 1 的汇价进行交易,所以这次规定的汇价只是承认既成事实。

此项"官价"外汇直到抗战胜利，都没有正式变动过。但外汇黑市却飞速上涨，日益猖獗。1943 年 6 月，美金黑市（重庆）每元涨到法币 58 元，1944 年 6 月涨到 192 元，12 月为 542 元，1945 年 6 月突破 1000 元，此后仍上涨不已。黑市与官价如此悬殊，给国民党权贵和金融资本家们提供了资金外逃和发财致富的机会，他们以官价买进外汇，以黑市卖出，转手之间可获巨利。

外汇行市在抗战结束后曾一度跌落，但到 1946 年初又恢复上涨，而且涨势猛烈。国民政府于是年 2 月宣布废除原有官定汇率（1 美元等于法币 20 元），并自 3 月 4 日起将美元汇率定为 2020 元，同时还设置 5 亿元的外汇基金，开放外汇，实行公开买卖，意图以美汇稳定法币价值。但是外汇基金不久就枯竭了，外汇黑市随即又出现了。1947 年 2 月，国民政府将汇率提高为 1 美元折合法币 12000 元，但黑市仍然存在。这次开放外汇还不到一年的时间，就动用了美元 4 亿多元，英镑 1700 多万镑，港币 2700 多万元。

从 1947 年 8 月 19 日起，外汇汇率划分为两种，一是官定汇率，仍为美金 1 元合法币 12000 元；另外中央银行还有一种官定市价，为 1 美元合法币 39000 元，相当于官定汇率 3 倍多。官定汇率虽经提高，但黑市依然猖獗。是年 9 月，上海美钞 1 元的黑市为 5 万多元，1948 年 3 月为 40 多万元，到 8 月间达到 1000 多万元。这时法币价值小到无法计算，市场交易大都以美金、港币计价流通。

　　当时，国民政府想利用上述的 5 亿美元借款来稳定法币币值，指定其中 1 亿美元作为发行"美金节约建国储蓄券"基金，另以 1 亿美元作为"同盟胜利美金公债"基金。储金和公债都按照法币 20 元折合 1 美元的比率用法币购买。美金储券的绝大部分都被豪门巨富和银行钱庄购去，"四行二局"的高中级职员也分润了一些。储蓄券到期即可兑换美金，购买者皆获暴利。美金公债发行时，仍是权贵和金融界捷足先登，其中一部分由孔祥熙作人情分配给他的亲信。因分赃不均，营私舞弊行为曝光，社会舆论大哗。后来此项债券到期，当局不得不以外汇牌价折合法币支付。从这类事件中可知国民党吏治的败坏已达极点。

　　从 1946 年 3 月到 7 月，美钞市价由 2022 元上涨到 2519 元，约上涨 25%，黄金市价由 159 万元上涨至 193 万元，约上涨 21%，黄金外汇市价上涨是比较慢的。但是由于法币发行迅速增加，同期物价仍然上涨，特别是白米每担由 27000 元上涨至 57000 元，上涨了 111%。国民政府的黄金外汇消耗迅速，到 1946 年 11 月已消耗外汇 45500 万美元，它再也不敢放手抛售外汇黄金了，从而使黄金外汇黑市的上涨开始加速。美钞 1946 年 8 月为 2909 元，1947 年 2 月为 12657 元，上涨 3 倍多，黄金同期由 203 万元涨至 611 万元，上涨 2 倍左右，与物价上涨速度不相上下。

　　开放外汇市场的实质，是向美帝国主义开放中国市场，以美国过剩商品的廉价倾销，来支持法币，支持内战。其结果是美国货进口获得空前的利益。美国货到中国的售价，等于上海同类商品售价的 1/3 甚至几十分之一。美国灯泡值美金 1 角，到上海只售 200 元，而国产灯泡成本却在 400 元以上。美国制造的六尺车床到上海售价 20 万元，而国产的成本却是 120 万元。美国煤 1 吨 7 万元，而中国煤是 13 万元。甚至美国的农产品，包括花旗橘子、克宁奶粉也充斥市场。国民政府开放外汇市场，倾销美货，给民族资产阶级以致命的打击。当时，"外货以汇价合算，大量涌入，我国工业本不如人，兼之汇价又于外货有利，则外货之蜂拥而来，本不足怪，益以尚有走私者，成本更为便宜。于是围成垓下，网闭四面，倒闭停业者时有所闻"。美国货在中国的大量倾销，既有利于美国转嫁生产过剩的经济危机，也为中国带来了空前严重的经济危机。中国民族资产阶级工商业，在抗日战争胜利后，由于官僚资产阶级的垄断，既没有得到被敌伪损毁的机械设备的赔偿，也没有得到流动资金的支持，这时又丧失了国内市场，从而使工农业生产严重衰退，工人普遍失业，能够投入市场的商品锐减，加速了物价上涨。

国民政府的黄金政策，不是定价兑现黄金，而是高价出售黄金，因此，它不但不能制止通货膨胀，反而助长了货币贬值。国民政府"随市出售黄金"，其具体办法是："出售黄金现货，原先由中央银行委托中国农民银行和中国国货银行两行办理，此事只由孔祥熙口头嘱咐农民银行的顾翊群和国货银行的宋子良秘密进行，始终未见公文，售价亦由中央银行随时通知两行照办"。黄金现货的出售，中央银行不出面，由农民、国货两银行出面。黄金存款只限几个大城市出售。这都说明国民政府出售黄金的政策，既非定价出售，又非无限制出售，表明国民政府根本无意制止通货膨胀。

国民政府为了建立公开的黄金投机市场——物品交易所，首先解除了金禁。抗日战争开始以前，国民政府禁止黄金出国，抗日战争开始以后，又取缔黄金买卖。1943年6月4日宣布暂停取缔黄金买卖，准许自由采售。后来虽然没有正式建立黄金投机市场，但是在国民政府的放任和鼓励下，自发地形成了一个遍及西南、西北的黄金投机市场。

作为全国黄金投机市场中心的重庆黄金市场，就设在重庆银行公会内。黄金主顾是西（安）帮、昆（明）帮、上海迁来行庄、川省行庄、银楼、货帮。西帮是大主顾，要买就整砖买，买来以后转运西安（西帮的首领就是孔祥熙的裕华银行）。昆帮也是大主顾，资本稍小，贩去的黄金在昆明公开标价出售。外省迁川银行动辄买一砖两砖（一砖就是10两）。川省行庄买起来也是一砖一砖的。银楼在市场上一砖半砖地买，做成首饰卖给市民。颜料商、百货商、各商帮也来赶场。万县、奉节、涪陵、叙府、泸州商人到重庆不办货而贩黄金。再加上依靠贩运黄金过日子的国民政府、卖黄金的农民、国货银行、办黄金存款的"四行二局"，共同组成了这个有声有色的黄金市场。这一投机市场，实质上就是孔祥熙盼望已久的作黄金现货、期货投机的"物品交易所",不仅有银楼业,而且有金融业的积极参加,也符合孔祥熙"准公私银行抵押买卖黄金"的初衷。

存在这样一个声势浩大、沟通全国的半公开的黄金市场,有利于官僚资产阶级不断推动金价上涨,吸收更多的法币。蒋介石这位委员长,十分热衷于黄金提价。黄金每两原为17500元,由于蒋介石1944年11月16日"饬即调整售价","改定黄金售价为每两国币2万元"。1945年3月行政院长宋子文宣布:"陈奉委座核准,自3月29日起每两改为35000元。"1945年6月8日,"主席谕:民国34年6月8日起改为每两5万元"。黄金官价与黑市之间,存在着互相推动的关系,正如中央银行业务局1945年4月10日给席德懋的电报中所说:3月28日黄金提价后,"黑市反应非常敏锐,4月7日价63000元,昨日73000元,今日78600元,最高达82000元,金价继续上涨"。

国民政府原来企图以黄金投机来转移或分解商品投机的压力,但是后来黄金却成为金融商品,导引物价上涨。"每因黄金官价提高,物价即随之波动,形成黄金与物价角赛之局面。且自1944年9月15日开办法币折合黄金存款以来,每经一度黄金提价,金融市场即遭受牵制,存户纷纷挤提,银行存款减少,黑市利率上涨。"

黄金政策的唯一得利者是中国官僚资产阶级。黄金当时铸条出售,金条一般都在10两以上,最大的金砖在400盎司以上,价值高昂,一般市民不敢问津。

买几十砖、几百砖的，主要是官僚资产阶级。孔祥熙大做黄金买卖，自诩为带头拥护黄金政策。他们主要还不是把黄金作为财富贮藏，而是将黄金作为投机图利的工具，低价进，高价出，转手之间，即获巨利。由于黄金经常提价，黄金市价成倍上涨，因此黄金投机的利润很高。黄金市价在官价提高后均大涨一次，谁能在涨价之先买进一批黄金，在涨价之后吐出，即可赚一大笔钱。官僚资产阶级自己既是黄金价格的决策人，又是黄金市场的投机家，可以随时通过提高官价来推动黑市上涨，因此在黄金投机中必操胜券。黄金案层出不穷，官僚资产阶级盈利累累。比较突出的一次发生在 1945 年 3 月 29 日，是日黄金价格每两由 20000 元涨至 35000 元。而 3 月 28 日售出的黄金特别多，这天买进黄金的人，一转手之间可获利 75%。黄金存款一共卖出 34000 余两，重庆 21447 两，外埠 1 万余两，比平日多卖 1 万余两。其中，在银行关门后以转账申请书购买的，开一张本票或支票化名数户购买的，就占 1 万多两。由于群众的指责，国民政府监察院只好揪出几个人来查办一下，包括财政部的总务司长、中央银行业务局长的朋友等等。这说明国民政府已经腐败到了极点。但这丝毫不影响中国官僚资产阶级的利益。官僚资产阶级统治集团是黄金提价的最高决策者，他们无需在提价前几小时购进黄金，大可以在提价前几天从容地、大量地购进黄金。他们是神不知鬼不觉的"合法"的黄金贪污犯，他们的奴才——监察院的监察委员老爷们固然不敢"监察"他们，就是进步舆论也不容易抓住他们的把柄。在那次臭名远扬的黄金案中，被提付审判的只是在提价前几小时购进黄金的官僚资产阶级的爪牙，而最后受审判罪的却是闻风购进一二两黄金的"四行二局"的小职员。

黄金政策中一再受到损害的是中小资产阶级。他们受国民政府的欺骗，在买不到黄金现货时，购买黄金期货或者黄金存款，企图储藏保值，逃避货币贬值的剥削。但这批黄金期货或存款，国民政府拖延不付，最后在1945年7月31日根据宋子文的提议，由国防最高委员会作出决议，宣布"为充实反攻军费起见，所存黄金存款一次捐献40%"，一下子没收人民1500亿元法币的财富。据《财政年鉴》刊载：黄金捐献四成，至1946年底，"捐款数计为820468两零8钱。"黄金存款户80%以上为不满5两的小存户。1945年4月金价是35000元，到期付款时官价17万元，后来金价跌至8万元。黄金存款户的收入，扣去四成，只剩下48000元，如计算拆息，就大大蚀本。这充分暴露了黄金政策的目的并不是在货币贬值的情况下，给市民以保存币值的工具，以和缓国内的阶级矛盾，它的目的恰恰是趁火打劫，对人民群众进行巧妙的欺骗和赤裸裸的掠夺。中国市民在这场黄金买卖中，以高于世界黄金价格1倍，即每两合美金60元、70元的高价，买进黄金。这场黄金买卖，给中国官僚资产阶级带来了巨额的利润，给中国人民带来了巨大的损失。

黄金政策实施的结果，证明蒋介石所说"对于通货膨胀的一个问题，是不必再有顾虑了"，完全是一种欺骗。抛售黄金，对于国民政府统治和它的法币制度，仅仅是一副续命汤，使之能够苟延残喘。根据财政部1945 年 6 月 29 日给行政院的报告，实行"黄金政策以来，截至现在为止，收回法币已达 800 余亿元，对紧缩通货，调节发行，已收相当成效。"但是，由于国民党统治集团继续坚持反共反人民的政策，继续发展国家垄断资本主义，继续勾结美帝国主义在中国大量驻军，它的军政开支仍然继续增加，法币的恶性通货膨胀也就仍然继续发展。这说明，不论美帝国主义对国民政府给以多大的援助，给了多少美国黄金，仍然挽救不了国民政府的法币恶性通货膨胀。

1946 年 7 月至 1947 年 6 月解放战争的第一个年头内，人民解放军已在几个战场上打退了蒋介石的进攻，迫使蒋介石转入战略防御。而从战争第二年的头三个月，即 1947 年 7 月至 9 月间，人民解放军已转入全国规模的反攻，破坏了蒋介石将战争继续引向解放区、企图彻底破坏解放区的计划。此时，战争主要已经不是在解放区进行，而是在国民党统治区进行了。同时，在政治上，蒋介石的欺骗，已经被彻底拆穿，这就从根本上动摇了法币的信用。

蒋介石在军事政治上的失败，还带来了财政经济上不可克服的危机。蒋介石依靠美援、依靠黄金外汇回笼法币，掩盖法币的通货膨胀。但是，由于军事费用浩大，纸币增发迅速，黄金外汇库存的消耗是非常快的。到 1947 年 2 月，所存黄金由 600 万两减为 200万两左右；至 1947 年 6 月 30 日为止，中央银行的外汇资产减少到32700万美元，敌伪产业也出售殆尽。蒋介石政府这时已经无力组织货币的回笼，财政经济危机日益严重。

就在这种军事政治危机和财政经济危机交织的情况下，1947年2月爆发了黄金潮。1947年初，在一方面是国民党军事上徐州告急，另一方面是法币万元大钞出笼的背景下，大量来自东北、平津、津浦线的游资集中上海，抢购黄金外币，引起黄金外汇市价的疯狂上涨。自1947年1月6日至2月10日短短的一个多月时间内，黄金涨了将近两倍，美钞涨了两倍。

面对这样的涨势，从1月4日到2月10日，中央银行抛售的黄金只有79382条，其中2月初到2月10日抛售的更少。2月4日只抛售了1550条黄金，而且只作明配，停止暗售。2月5日到8日各地金价闻风上扬。中央银行2月7日只抛售1344条黄金，2月8日只抛售570条黄金，2月9日公开宣布停止配售，从而促成了2月10日"黄金潮"的爆发。黄金市价涨至960万元，一天涨了几百万元，引动上海物价狂涨，白米由10万元涨到16万元。行政院长宋子文1947年2月6日向美国告急，承认法币崩溃、经济崩溃的局面确已到来。

国民政府在面临军事政治危机和财政经济危机的情况下，进行了更加疯狂的冒险和挣扎，于1947年2月16日公布《经济紧急措施方案》，"禁止黄金买卖，取缔黄金投机"，"禁止外国币券在国境内流通"，同时"冻结职工工资"，对物价实行"限价议价"，中央银行把黄金牌价挂低为 480 万元，美钞为 11640 元，企图以武力压制市场物价。但是，国民政府这些手段很快就遭到失败。《经济紧急措施方案》公布后不到一个月，黄金外汇黑市就复活了，而且价格迎头上涨。冻结工资由于受到工人阶级的反抗，只得取消。限价议价也逐步无效。

国民政府军事政治失败和财政金融破产，使法币的崩溃不断加速。《金融日报》1947 年 6 月 23 日承认："在东北与华北拥有资金者，均求安全出路，因此资金从东北转到华北，复从华北源源汇沪。"法币流通的区域日益缩小，法币从东北、华北、华中集中到上海一隅之地。国民党每打一次败仗，法币即狂跌一次。中央银行总裁张嘉璈在 1947 年 5 月 31 日报告中承认自己已束手无策。"2 月 17 日经济紧急措施当时，法币发行 45628 亿元，但到 5 月 28 日，已达 81586 亿元"，增加 78%。东北流通券 2 月 27 日为 395 亿元，5 月 28 日为 634 亿元，增加 60%。到 1947 年底，法币发行额 331885 亿元，比上年底的 37261 亿元增加 294624 亿元，增加几近 8 倍。东北流通券 1947 年底发行额 2773 亿元，比上年底的 275 亿元增加 9 倍多。这就带来了 1947 年到 1948 年前所未有的黄金、美钞和物价连续飞涨的局面。

1947 年 2 月到 12 月，黄金上涨 13 倍多，美钞上涨 11 倍多，物价上涨 7 倍多。1948 年头 8 个月，黄金上涨 62 倍多，美钞上涨 78 倍，物价上涨 58 倍。这种上涨的速度，已远远超过以往任何时期。

因此,自1947年2月"黄金潮"起,法币已经进入崩溃阶段。《金融日报》1948年3月20日通讯,描写了广东西江、北江农村法币崩溃的具体过程:自1947年2月黄金潮后,"大家听到这个消息,便拼命将藏有的纸币一元不剩的推出去,各店号收到纸币见买不回货物原量,于是一时只好停止,从此大家对纸币的信用都丧失了,他们渐渐开始以实物作本位"。法币的崩溃表现在:物价狂涨,一天之内出现几个行市;人人竞相抛出法币,对法币完全失去信任;金银外币的计价流通盛行。国民政府虽然施用武力,但是仍然打击不了黄金外币黑市,反而不得不以美金的名义发行公债和库券。同时,外汇官价也开始更明显地追随黑市。他们还考虑发行以粮食为计价标准的库券,甚至准备发行"新币"。所有这些,都说明国民政府在事实面前,不能不承认法币已经完全破产,进入了崩溃阶段。

 ## 资金逃避与通货膨胀

法币、金圆券的通货膨胀,一方面表现为物价上涨,一方面表现为外国货币比价的上涨,这两者的趋势基本上是一致的。但是在国际收支不平衡的情况下,对外贬值的速度又往往超过对内贬值的速度。抗日战争期间,法币对外贬值的速度就超过了对内贬值的速度。国民政府发动反革命战争以后,曾经人为地提高法币的对外价值。但是经过一个时期以后,法币对外贬值仍然快于对内贬值。

国民政府提高法币对外购买力的政策，是在"高物价"的条件下，保持"低汇价"。这就使法币对内对外购买力的下降，出现了较大的差距。

国民政府在 1946 年 3 月公布 1 美元合法币 2020 元的汇率，在物价上涨 2500 倍的情况下，把汇价压低到只比战前高出 600 余倍，其目的是以人为地保持法币的"低汇价"来影响物价不再上涨。国民政府认为只要依靠积存的 9 亿美元外汇，大量买进美国货倾销，就可以阻止物价的上涨。美国指使国民政府实行低汇率政策，是为了便于对中国市场实行倾销，把美国过剩的商品推销出去，以缓解国内的经济危机。但是，在法币通货膨胀迅速发展，货币发行越来越多的情况下，大规模的美国商品倾销也不能根本阻止物价上涨的趋势。物价指数 1946 年 3 月为 2500 倍，而 1946 年 8 月增至 4200 倍。外汇汇率挂低，保持"2020"的比率或"3035"的比率，倒是确保了美国独占中国市场计划的实现。中国垄断资产阶级的孚中、扬子、金山公司按比战前上涨 600 倍的比率买进美元，输入美国货，在国内按比战前高出 2500 倍价格出售，既获取了暴利，又为美国货的廉价倾销创造条件。这样做，同时也就使中国的农产品、工业品，无论在国内销售方面还是在国外销售方面，都受到很大打击。因为以国内价格上涨 2500 倍的商品向国外销售，然后按 600 倍的汇价向中央银行卖出外汇，蚀去了 50% 以上的资金，所以种植和经营出口物资如生丝、猪鬃、茶叶、桐油、肠衣的农业、工业、商业纷纷减产改业，使国内生产受到了很大的损害。而由于这一措施既打击了国内工农业生产，又扩大了进口，缩小了出口，最终不能不反过来既助长物价的上涨，又扩大国际收支的赤字，加速外汇的消耗，终于使法币于1947年2月面临黄金外汇消耗殆尽的局面，迅速进入崩溃阶段。一方面是国内物价狂涨，另一方面是美汇黑市更快地暴腾，强制法币的对内对外贬值重新取得一致。1947年上海"黑市外汇价格之上涨，于一年之间，在25倍以上。故本年之内，法币对外价值之下落，实甚于对内价值之下落"。

从法币、金圆券的贬值状况说来，除了1946年国民政府人为地压低汇价短暂时期以外，应当说，对外贬值始终快于对内贬值。

造成这一情况的根本原因是，国民党统治时期旧中国国际贸易逆差的不断扩大。这是帝国主义实行垄断倾销、打击中国民族工商业所造成的。帝国主义对中国实行的不等价交换，又进一步扩大了这种国际贸易的逆差。再加上要支付巨额的帝国主义投资利润和赔款，更增加了外汇开支，使国际收支一贯不平衡，收入不敷支出。抗日战争开始后，中国资产阶级大量逃避外汇，更助长国际收支的不平衡，致使法币、金圆券对外贬值加速。

中国垄断资产阶级，以帝国主义为靠山。阎锡山在日本银行存款，陈济棠在香港银行存款，四川等地军阀在法国银行存款，国家垄断资产阶级则在美国银行存款。他们在决定执行通货膨胀政策以后，又唯恐其在国内存款要承担通货膨胀的损失。因此，抗日战争爆发以后，他们一贯进行资金逃避。抗日战争初期，法币贬值的原因之一，即是中国资金的逃避。上海《大美周刊》1939年8月6日香港电称："上周平准会停止援助法币以前，渝某重要部长夫人电沪某外籍经纪人，嘱购入美金四万镑之巨额外汇。"所谓某重要部长就是财政部长孔祥熙。

国民政府的积极支持者魏特迈，在致杜鲁门的备忘录中也不得不承认：1947年7月30日中国"私人持有的外汇资产至少有6亿，甚至可能达到15亿美元"，承认"资金逃避"的严重性。美国太平洋国际学会的《远东观察》1948年4月指出，"中国官僚之腐化及施政不良，则所在多有"，"在外国银行存款的主要业主就是政府官员"。美国国务院某官员说："中国人民在美存款20亿美元，其中大户为十家即占10亿美元。"美国《自由》双周刊载，其中"宋子文在美国、瑞士银行存款1亿美元"。

因此，在法币、金圆券贬值过程中，对外贬值快于对内贬值，是美帝国主义、官僚资本主义、封建主义对旧中国统治的必然结果；是国民政府依赖美帝国主义的结果；是中国官僚资产阶级长期资金逃避的结果。

9 通货膨胀过程中国民收入的再分配

工人阶级的实际工资下降　在通货膨胀的情况下，

工人阶级的按货币计算的名义工资是增加的，但是落后于物价上涨的速度，因此造成实际工资的下降。抗日战争时期，工人实际工资下降的情况，根据金陵大学农业经济系、南开大学经济研究所调查统计的材料，1943年前后，重庆工人的实际工资只及战前69%，非工厂工人为74%，成都城市工人为87%，四川农业工人为58%。

大体上，抗日战争期间工人实际工资降到抗战以前的20%左右，解放战争期间又再降低到15%左右。上海永安纱厂工人，平均每人每月货币工资收入可购米数，1936年为1.48石，1939年降为1.05石，1949年仅为0.32石，只能喝口粥汤，根本无法养活家人。在最后金圆券临近崩溃时，物价一日数涨。上海一位烟厂工人，月初算好领来工资可买5斗米，领到工资后如立即买米还可买二三斗，如当日放工出来米店已关门，隔日再去就只能买一斗米了。至于大批失业工人的境况，那就更悲惨了，1946年下半年仅上海、南京、北平三地失业和无业人数即达260万人，而法币进入崩溃阶段的1947年4月的23天中，上海倒毙路旁的死尸就有2500多具。

由于在中国共产党领导下工人阶级进行了政治的经济的斗争，部分地区取得了工资改为按粮食或生活费指数发放的胜利。如上海，在抗日战争胜利后，改为按生活费指数发放工资。由于编制和公布生活费指数的权力仍然掌握在统治集团手中，他们为了剥削工人，尽可能地修改降低指数，因此工人阶级实际工资的下降并没有停止。1948 年 7 月，中国经济研究所编的上海批发物价指数涨到 406 万倍，上海工人生活费指数只涨到 162 万倍，前者比后者高出 150.6%。因此，生活费指数实质上是欺骗人民的工具。

工人阶级在通货膨胀中受到最残酷的掠夺。由于发给工资时，实际工资已经大大降低，拿到工资后，工人们在转手之间要负担货币贬值的损失。例如 1947 年 8 月上半月计算工人生活费指数时，米价为 4000 万元左右，但工资发下来米价已涨至 6000 万元以上。抗日战争以前每元可买一斗米，抗日战争开始以后可以买五升米，后来只能买到一升到二升米。工人阶级的实际生活水平不及战前的 30%。因此，工人阶级日益赤贫化，在战时和通货膨胀中是不可避免的。这种政治的经济的地位，有力地促进了工人阶级觉悟的提高，促使中国工人阶级把经济斗争与政治斗争结合起来，把反饥饿斗争和反内战斗争结合起来，成为人民民主革命的领导阶级，成为革命中最坚定最勇敢的力量。尤其是 1948 年春起，工人阶级的反饥饿斗争，遍及上海、南京、北平、天津、青岛、汉口、广州、南昌等城市，包括纺织、毛织、丝绒、针织、时装、被服、百货、搪瓷、化学、西药、火柴、卷烟、金融、印刷、水电、交通、煤矿、机械、造船、轮船、海关、水手等 40 余个行业。中国工人阶级的英勇斗争，带动了青年学生及其他各界人民起来参加斗争，有力地推动了国民党统治地区人民民主革命斗争的发展。

农民承受巨大的损失 农民在通货膨胀中也遭受

了掠夺。首先是物价上涨过程中工农产品交换价格的剪刀差迅速扩大，使农民承担巨大的损失。

根据中央银行统计，在通货膨胀期间，原料品即农产品上涨速度慢，制成品即工业品上涨速度快。在抗日战争胜利前夕，相差 4.76 倍。抗日战争胜利后，差价也维持在 3 倍左右。按重庆基本商品趸售物价指数，1945 年 8 月食物上涨 1585 倍，纤维 3151 倍，燃料 4864 倍，金属 2744 倍，木材 2295 倍，杂项 975 倍，这也说明纤维、燃料、金属等工业品的上涨，快于食物等农产品。

由于农产品上涨慢，工业品上涨快，农民实际收入下降。据中央农业实验所统计的四川农民购买力指数，以 1937 年为 100，1939 年 9 月降为 64。1941 年由于灾歉，农产品价格稍有上涨，但农民实际收入仍然是降低的。1942 年后又一直下降，农业工人的收入下降更多。1943 年，四川农业工人工资实值只及 1937 年的 58%。农产品价格的下跌、农业投资和劳动力的减少，对于 1940 年以后农业的减产，发生了巨大的影响。国民政府还以统购物资、低价收购的方法剥削农民。例如，秋茶每担的官价和市价 1942 年相差 8500 元，国民政府却按官价收购。湖南安化茶农制成毛茶 1 市担，成本是 150.5 元，而收价仅 100 元。棉花 1944 年统购价 6000 元，成本 15000 元，统购价仅为成本的 40%。因此，农业中商品生产在日益萎缩。国民政府统治地区 1936 年棉花产量 750 万市担，1944 年仅 155 万担。四川沱江流域甘蔗生产 1943 年较 1941 年减少

30%。烟叶 1945 年产量只及 1937 年的 84.6%。茶叶、桐油、蛋类下降更多，据中央农业实验所估计，茶叶 1946 年较 1933 年至 1937 年平均产量降低 82%，蛋类 1946 年比 1936 年减少 6.7%，桐油 1946 年只及战前的 50%。

此外，农民因为市场消息不灵通，保存货币遭受了很大的损失。

国民政府利用其法币膨胀政策所创造的条件，采取了一系列搜劫农产实物的措施，对农民进行残酷掠夺。不管是田赋征实、征购、征借，或棉田征实、棉花征购，或专卖、统购统销下对蔗农及植茶、植桐、养蚕农民的压榨等等，都是对农民的直接强制剥削。即使是购买，事实上也只是以不断贬值的印刷机产物强制换取农民辛勤劳动所得的成果，但留在农民手中的法币，却日益成为不值钱的废纸。国民政府的法币膨胀政策带给农民的灾难，其严重性是不容低估的。

这些残酷的榨取和剥削，把农民推向饥饿和死亡的绝路，1947 年，全国各地的饥民就达 1 亿人以上；广大劳动群众挣扎在死亡线上，饿莩当道，饥民遍野，就是国民党统治区恶性通货膨胀、国民经济陷于崩溃的悲惨写照。

蒋军士兵生活极度贫困　抗日战争开始以后，国民政府实行征兵制，据金陵大学农业经济系编著的《士兵现金真实收入》，以 1937 年为 100，1938 年降为 93，1939 年降为 64，1940 年降为 29，1941 年降为 21，1942 年降到 10。到 1944 年 2 月，士兵购买力仅及战前

5%。士兵的伙食还因国民政府的贪污腐化，受到克扣的剥削。1944年10月"改善官兵待遇"以后，士兵收入折合战前不及1元。连同实物，收入最低的只合战前1/50，士兵与将官的收入相差300倍，这还不包括国民党军官贪污中饱部分在内。

对于中国旧式军队来说，能否保证发足薪饷历来是关系到军队生死存亡的大事。北洋军阀统治时期兵变不断，大多是由欠饷造成的。从北伐起至解放战争后期，蒋介石的嫡系军队极少有哗变和起义倒戈之事发生，关键也在于蒋介石能基本保证薪饷供应。1948年秋季以后，因蒋介石推行强制兑换金圆券，许多嫡系部队的薪饷，一时也无法保障，结果促进了国民党军事机器的迅速瓦解。例如国民党海军最大的军舰——5270吨的巡洋舰重庆号的官兵刚由英国接舰归来，所带的外汇就被强制兑换成金圆券，待他们去东北作战返回，所换给的金圆券又因物价飞涨基本成了废纸。对此，全舰官兵怒不可遏，经济原因再加上官兵在政治上对国民党统治的极端不满，促成了重庆号的起义。

公务人员、知识分子和青年学生生活水平迅速下降 在旧中国通货膨胀中生活发生最大变化的，是公务人员和知识分子。他们在抗日战争以前，保持较高的生活水平，而在国民政府实行通货膨胀以后，生活水平迅速下降。

在通货膨胀中，公务人员分化为两个部分：一小部分是国民党和政府中的高级官吏，依靠贪污舞弊、勒索人民、接受官僚资本的分润，作为收入的主要来源；绝大部分是中下级公务人员和知识分子，他们仅有工资收入，生活水平大大下降。昆明的大学教授，甚至如闻一多这样有名的学者，也不能不从刻图章取得辅助收入。桂林广西大学教授杜肃，任教 20 多年，曾任经济系主任，由于贫病交加，于 1948 年自杀，遗下妻女四人。国民政府加强对职员、知识分子的掠夺，使知识分子对政府的不满日益增长，同时使公务人员开始分化，为他们参加到无产阶级领导下的人民民主革命中来创造了条件。

知识分子生活的赤贫化，在青年学生中表现得更加突出。一方面是由于国民政府集中财力打内战实行的所谓公费制度、奖学金制度，已不能维持青年学生的最低生活水平。另一方面青年学生主要来自职员和知识分子家庭，家庭收入的下降，不能不影响到他们生活水平的不断下降。所有这些，都有力地促进了青年学生觉悟的提高，使青年学生在反饥饿、反内战斗争中起了积极的作用。

中小资产阶级遭到剥夺　国民政府还通过货币贬值，对中小资产阶级进行赖债掠夺。国民政府在抗日战争以前依靠优厚的利息、巨大的折扣，推销公债；抗战开始又利用人民爱国热情推销公债。到 1946 年，国民政府结欠的公债已达 95.58 亿元（不包括英镑、美金、关金公债）。抗日战争胜利后，公债户要求按 1000 倍偿还。国民政府公布的办法，却是自 1946 年 7 月起，按照 1 元付 1 元的比率，偿还公债。这是十分彻底而直接的掠夺。此外，国民政府对战前的储蓄，也通过贬值实行掠夺。1937年抗日战争开始后，国民政府首先限制提取存款，有100多万户所存的数亿元储蓄没有提取出来。由于中国官僚资产阶级可以获得自己的政府机构的批准，提前支取存款，因此剩下来没有提取的主要是小额存户，其中不少还是孤儿寡妇赖以为生的存款。抗日战争胜利后，国民政府又拒绝按照合理的比率支付存款。1947年国民政府统治地区物价上涨10万多倍以后，只允许按700～1700倍支付存款。直到新中国成立，虽然国家行局的资产已被席卷一空，人民政府为了照顾这部分人的生活困难，1953年从国家财政拨出款项，用合理的比率，予以支付。在战前存款问题上，国民政府对人民群众的残酷掠夺和人民政府对人民群众的深切关怀，形成鲜明的对比。

民族工商业和金融业濒临破产　中国民族工商企业的基础极其薄弱，不仅受到帝国主义和官僚资本主义的欺压与打击，而且遇到长达12年之久的通货膨胀，使之经常处于风雨飘摇之中。当时各种物价的波动已不能用简单的供求规律来解释，其中掺杂着诸多因素，如投机倒把、囤积居奇、交通运输、战争形势、人口流动以及人们消费心理的变化等，都使在不同时间和地区的各种物价上涨极不平衡，此伏彼起，诡谲难测。例如1942年12月重庆各类主要物价指数与1937年比较，食物上涨50倍，纤维上涨76倍，燃料上涨139倍，金属上涨282倍，建材上涨103倍；而同一时期的上海物价指数的上涨就相对缓慢，计：食物上涨 51 倍，纤维上涨 21 倍，燃料上涨 71 倍，金属上涨 93 倍，建材上涨 47 倍。可见不同地区各种物价上涨程度的差别很大。但到 1947 年 12 月，物价上涨又出现另一种差异。当时重庆物价指数上涨情况（基期不变）是：食物上涨 35100 倍，纤维上涨 101200 倍，燃料上涨 73500 倍，金属上涨 196900 倍，建材上涨 261000 倍；而同一时期上海食物上涨 78400 倍，纤维上涨 29700 倍，燃料上涨 186500 倍，金属上涨 224700 倍，建材上涨 108400 倍。可见不同时期各地区物价上涨程度也大为悬殊。抗日战争期间重庆是全国经济中心，胜利后全国经济中心又移到上海，故以这两个地区为例。至于其他地区在不同时期的物价上涨情况，也有很大差异。从整个物价来看，可说是逐月上涨的，但有的物品在飞涨之后，又出现短暂的回落。在市场物价错综复杂而又瞬息万变的情况下，工商企业极难掌握自己的命运，获利者固然有之，而赔累者亦复不少。一般讲来，从事于工业者，因从购料到制出产品所用的时间较长，耗资较巨，因而风险也较大，有时制成品销售所得，尚不足以充抵所耗用的原料，所以那时很多制造业都兼营商业，因商业经营比较灵活，可随时适应市场的变化。然而经营商业也不是稳操胜券的。由于在通货膨胀中各种货物上涨的程度不平衡，也常发生赔本情况。总之，当时工商企业在年终结算时，往往账面上的货币盈余很多，而实存原料货物却在减少，即所谓"虚盈实亏"。在这种情况下，工商业多趋于投机之途，故当时有"工不如商，商不如囤，囤不如金，金不如汇"的说法，这虽是一般资本家感叹之词，却也是事实的写照。

在发行金圆券时期，国民政府同时又对民族资产阶级工商业，进行武力劫持，迫使他们遵守"限价"抛售物资，支持金圆券。申新纱厂的荣鸿元、永安纱厂的郭棣活都曾被拘捕，要他们具结按照平价出售商品。上海纱厂自金圆券发行到"限价"取消（1948年11月初），照"限价"出售棉纱5万件，棉布数十万匹，损失达1250万美元。申新九厂原有存棉16万担，后来降为2000担，而且还欠交棉纱5000件，周转资金消耗殆尽。这一个厂的损失就达125万美元。毛纺织厂"限价"出售呢绒100万码，绒线15万磅，共损失500万美元。永利公司"限价"出售纯碱6万袋，损失100万美元。大中华橡胶厂损失250万美元。国民政府还拘捕纸业公会理事长詹沛霖、大棉布商吴锡麟、杂粮油饼公会理事长张超、糖业公会理事长唐志良，作为人质，压迫这些行业"平价"出售商品。百货业的存货按照"限价"售出3/4，四大公司除永安公司以外，存货一空。绸布商在金圆券发行以前存绸缎呢绒150万匹，一个月之后消耗殆尽，棉布也只剩下2/10；零售商7/10无力再继续经营。

国民政府为了劫夺侨汇，还对没有按照官价经营侨汇的公司行号进行打击。林王公司经理王春哲因此被拘，于9月25日被特种刑事法庭判处死刑。在广东、福建，大批"民信局"的职工被拘捕，迫使菲律宾、马来亚的侨汇庄停业，从而便利国民政府低价搜购侨汇，肆意进行掠夺。民族工商业被压得喘不过气，民族资本家们原抱有战后重振家业，恢复繁荣的希望，这时已全成泡影。在国民政府进行反人民内战，实行通货膨胀政策的情况下，厂商纷纷倒闭，呈现一片萧条景象。

法币和金圆券的恶性膨胀使正常的金融业务经营越加困难，这主要表现在银行存款来源的缩小，账面上存款数字尽管亿万倍地增长，但其实值却猛烈下降。私营金融业还同时遭受"四行二局"的侵夺，在存款总额中所占的比例也大幅度下降。1936年全国私营银行的存款约有15亿元，占全国银行存款的30%以上，而战后的1946年，全国私营银行存款已不到"四行二局"存款的1/10，即全国90%以上的存款都集中到官僚资本银行的账上了。在私营银行中以金城、上海两家收揽的存款最多，但它们也和其他私营银行一样，遭受巨大挫折。例如金城银行1936年的存款总额约占同期"四行二局"存款的6.5%，到1948年上半年则只占0.6%，存款绝对数虽然高达11768亿元，但折合黄金仅值1万多两，不及战前存款的1%。上海银行对"四行二局"的存款比例也由1936年的7%，大幅度下降到1946年的0.8%。在通货膨胀期间，银行存款的构成也发生变化，战前一般银行的定期存款约占存款总额的70%左右。抗战爆发后，随着通货膨胀的加剧，定期存款比重逐渐缩小，活期存款的比重越来越大。以金城银行为例，1946年活期存款比重已达71.2%，

1948年更增至93.1％，各行庄的存款构成大致都有类似的变化。当时的活期存款实质上是工商业必须保留的过夜资金，流动性极大，行庄很难运用。

存款来源减少，可资运用的定期存款下降和货币实值的贬低，必然使银行放款能力大为削弱，对工商业的放款日益减少。当时放款利率由于物价飞腾的影响，虽高到正当工商业难以承担的程度（1948年暗息有高达月息50％者），但也常抵不上货币贬值所带来的损失。于是银行往往把资金贷给自营企业，更多的只是进行商业投机和金钞买卖。这样，银行不但不能促进工商业的发展，反而对国民经济起着破坏作用。正当的工商企业既然奄奄一息，则金融行业必然随之衰落，纵使少数行庄从投机事业一时得利，然而"皮之不存，毛将焉附"！最后仍不免陷于没落境地。

国民党当局把私营行庄看做扰乱金融物价的罪魁祸首，对它们施加种种限制和打击，但国人皆知，国民党的政治、经济和军事政策才是造成恶性通货膨胀、物价飞涨、商业萧条、民不聊生的真正根源。私营行庄从中浑水摸鱼，推波助澜，但比之达官显贵们，不过是小巫见大巫而已。

国民政府还通过发行金圆券掠夺民族资产阶级的金、银、外汇。根据上海钱业公会档案，1948年9月10日、20日，被两次逼缴黄金21348.545两，白银8087.558两，银元13302元，银辅币双角214077枚，单角10693枚，美钞323264.6元，英镑743镑，港币249419.9元。上海一地至1948年10月底，被掠夺黄金就达 1146000 余两，美钞 3442 万余元，港币 1100 万元，银元 369 万余元，白银 96 万余两。据当时报载，各商业银行申报的外汇，金城银行为 600 万美元，上海银行 520 万美元，浙江第一银行 430 万美元，中南银行 200 多万美元，联合商业银行 600 万美元，浙江兴业银行 50 余万美元，福源钱庄 30 余万美元。

官僚资产阶级独享通货膨胀的红利 通货膨胀不仅是国民政府筹措内战经费的手段，而且也是官僚资产阶级借助国民收入再分配搜刮和集中全国财富的重要工具。

官僚资本工商企业，亦官亦商，利用其政治、经济、军事上的特殊权力，在抗日战争时期，实行经济统制，得到大规模全面的发展，在通货膨胀的狂澜中浑水摸鱼，大搞各种投机活动，利用政府垄断，囤积大量商品，哄抬物价。他们成立了许多"专卖公司"，以国营为名，暗地化公为私，营私肥己。这些专卖公司经营范围包括粮食、棉花、纱布、燃料、香烟、火柴、食糖、食盐及各种工业器材数十种，以"官价"收购各种产品，甚至以低于成本的价格强制收购，但各种专卖公司出售产品时却并无"限价"，而且比非专卖品的价格上涨更快，起着带头提高物价的作用。这些专卖公司转手之间获利数倍。

国民政府经济部所属的资源委员会管辖的厂矿企业在抗战时期有很大发展，胜利后又接收了许多敌伪经营的煤矿、钢铁、电机、水泥、稀有金属等重工业，成为官僚资本主义工业企业的大本营，在全国工矿企业中形成垄断地位。此外，国民政府在此期间还成立了复兴公司、中纺公司、中茶公司等，也大量攫取垄断利润。这些官僚资本的公司厂矿利用"四行二局"的优惠贷款，以日益膨胀的法币换取国内主要出口物资，如钨、锑、锡、桐油、茶叶等，剥削生产者，然后输出国外换取外汇。这些都成为它们的专利。

在抗日战争时期，国民政府 1939 年 3 月靠英国贷款成立 1000 万英镑的外汇平准基金，1941 年 4 月又由美、英借款，成立 11000 万美元的中英美平准基金，官僚资产阶级便利用统治外汇和在黑市无限制出售外汇之机，抢购外汇，进行投机活动，并把财富变成美元、英镑转移到纽约、伦敦。太平洋战争爆发后，国民政府完全依赖美国，获得大量贷款，1942 年 2 月一次即达 5 亿美元，法币外汇汇率的挂牌亦随之以美元为准，官僚资本企业便长时期以 20 元法币合 1 美元的低价，获取官价外汇。1946 年 3 月，国民政府重新开放外汇市场，并改定外汇汇率为法币 2020 元合 1 美元，这一汇率远远低于当时的物价，于是官僚资本集团便又趁机抢购廉价外汇，据国民党内部相互揭露的数字，单是宋家的孚中公司和孔家的扬子公司就在开放外汇市场的短短一年间，分别从中央银行"申请"到外汇 153 万美元和 180 万美元。

黄金，这一通货膨胀过程中，带头领导物价上涨的金融商品，更是官僚资产阶级攫取与投机的对象。抗战后期，国民政府以所谓"黄金政策"为掩盖，实行通货膨胀政策，于是"黄金案"也就层出不穷。官僚资产阶级就是这样进行外汇、黄金投机，往往几小时之内就攫取了巨额投机利润。据估计，在整个国民党统治时期，官僚资产阶级通过亦官亦商、假公济私、化公为私等方式搜刮的财富，包括它们在国内的财产及国外的存款和产业，总数不下黄金5亿两。

近代中国政府，都从一己私利出发，推行通货膨胀政策，掠夺人民财富，给人民造成了极大的痛苦。但恶性通货膨胀不只是给统治阶级带来了巨大的物质财富，也削弱了政府的经济、政治基础。首先，它搞乱了财政、金融、税收，使政府入不敷出；其次，它造成了社会动荡不安，激起了人民强烈的反抗，导致了反动政府的迅速覆亡。清政府是在铜元贬值声中被迫下台的，北洋政府是在中交停兑声中开始败亡的，而推行反人民的通货膨胀政策，则是国民政府败走台湾的重要原因之一。

历史是现实的镜子。今天，我们重温历史，就是为了总结历史经验，以利降服通货膨胀这一经济怪物，保持社会稳定，保证改革开放的顺利进行，促进社会主义商品经济的健康发展，把中国建成现代化的社会主义强国。

参考书目

1. 中国人民银行总行参事室金融史料组编《中国近代货币史资料》（第一辑），中华书局，1964。

2. 章伯锋等编《北洋军阀》第5卷，武汉出版社，1990。

3. 吴冈编《旧中国通货膨胀史料》，上海人民出版社，1958。

4. 彭信威著《中国货币史》，上海人民出版社，1958。

5. 魏建猷著《中国近代货币史》，黄山书社，1986。

6. 杨荫溥著《民国财政史》，中国财政经济出版社，1985。

7. 汤象龙编《中国近代财政经济史论文选》，西南财经大学出版社，1987。

8. 〔美〕阿瑟·恩·扬格编《中国财政经济情况，1927～1937》，中国社会科学出版社，1981。

9. 寿充一、寿乐英著《中央银行史话》，中国文史出版社，1987。

10. 杨培新著《旧中国的通货膨胀》，三联书店，1963。

《中国史话》总目录

系列名	序号	书名	作者	
物化历史系列（28种）	24	寺观史话	陈可畏	
	25	陵寝史话	刘庆柱	李毓芳
	26	敦煌史话	杨宝玉	
	27	孔庙史话	曲英杰	
	28	甲骨文史话	张利军	
	29	金文史话	杜勇	周宝宏
	30	石器史话	李宗山	
	31	石刻史话	赵超	
	32	古玉史话	卢兆荫	
	33	青铜器史话	曹淑芹	殷玮璋
	34	简牍史话	王子今	赵宠亮
	35	陶瓷史话	谢端琚	马文宽
	36	玻璃器史话	安家瑶	
	37	家具史话	李宗山	
	38	文房四宝史话	李雪梅	安久亮
制度、名物与史事沿革系列（20种）	39	中国早期国家史话	王和	
	40	中华民族史话	陈琳国	陈群
	41	官制史话	谢保成	
	42	宰相史话	刘晖春	
	43	监察史话	王正	
	44	科举史话	李尚英	
	45	状元史话	宋元强	
	46	学校史话	樊克政	
	47	书院史话	樊克政	
	48	赋役制度史话	徐东升	
	49	军制史话	刘昭祥	王晓卫

系列名	序号	书 名	作 者
制度、名物与史事沿革系列（20种）	50	兵器史话	杨 毅　杨 泓
	51	名战史话	黄朴民
	52	屯田史话	张印栋
	53	商业史话	吴 慧
	54	货币史话	刘精诚　李祖德
	55	宫廷政治史话	任士英
	56	变法史话	王子今
	57	和亲史话	宋 超
	58	海疆开发史话	安 京
交通与交流系列（13种）	59	丝绸之路史话	孟凡人
	60	海上丝路史话	杜 瑜
	61	漕运史话	江太新　苏金玉
	62	驿道史话	王子今
	63	旅行史话	黄石林
	64	航海史话	王 杰　李宝民　王 莉
	65	交通工具史话	郑若葵
	66	中西交流史话	张国刚
	67	满汉文化交流史话	定宜庄
	68	汉藏文化交流史话	刘 忠
	69	蒙藏文化交流史话	丁守璞　杨恩洪
	70	中日文化交流史话	冯佐哲
	71	中国阿拉伯文化交流史话	宋 岘

系列名	序号	书 名	作 者
思想学术系列（21种）	72	文明起源史话	杜金鹏　焦天龙
	73	汉字史话	郭小武
	74	天文学史话	冯时
	75	地理学史话	杜瑜
	76	儒家史话	孙开泰
	77	法家史话	孙开泰
	78	兵家史话	王晓卫
	79	玄学史话	张齐明
	80	道教史话	王卡
	81	佛教史话	魏道儒
	82	中国基督教史话	王美秀
	83	民间信仰史话	侯杰
	84	训诂学史话	周信炎
	85	帛书史话	陈松长
	86	四书五经史话	黄鸿春
	87	史学史话	谢保成
	88	哲学史话	谷方
	89	方志史话	卫家雄
	90	考古学史话	朱乃诚
	91	物理学史话	王冰
	92	地图史话	朱玲玲
文学艺术系列（8种）	93	书法史话	朱守道
	94	绘画史话	李福顺
	95	诗歌史话	陶文鹏
	96	散文史话	郑永晓
	97	音韵史话	张惠英
	98	戏曲史话	王卫民
	99	小说史话	周中明　吴家荣
	100	杂技史话	崔乐泉

系列名	序号	书 名	作 者
社会风俗系列（13种）	101	宗族史话	冯尔康　阎爱民
	102	家庭史话	张国刚
	103	婚姻史话	张　涛　项永琴
	104	礼俗史话	王贵民
	105	节俗史话	韩养民　郭兴文
	106	饮食史话	王仁湘
	107	饮茶史话	王仁湘　杨焕新
	108	饮酒史话	袁立泽
	109	服饰史话	赵连赏
	110	体育史话	崔乐泉
	111	养生史话	罗时铭
	112	收藏史话	李雪梅
	113	丧葬史话	张捷夫
近代政治史系列（28种）	114	鸦片战争史话	朱谐汉
	115	太平天国史话	张远鹏
	116	洋务运动史话	丁贤俊
	117	甲午战争史话	寇　伟
	118	戊戌维新运动史话	刘悦斌
	119	义和团史话	卞修跃
	120	辛亥革命史话	张海鹏　邓红洲
	121	五四运动史话	常丕军
	122	北洋政府史话	潘　荣　魏又行
	123	国民政府史话	郑则民
	124	十年内战史话	贾　维
	125	中华苏维埃史话	温　锐　刘　强
	126	西安事变史话	李义彬
	127	抗日战争史话	荣维木

系列名	序号	书 名	作 者	
近代政治史系列（28种）	128	陕甘宁边区政府史话	刘东社	刘全娥
	129	解放战争史话	汪朝光	
	130	革命根据地史话	马洪武	王明生
	131	中国人民解放军史话	荣维木	
	132	宪政史话	徐辉琪	傅建成
	133	工人运动史话	唐玉良	高爱娣
	134	农民运动史话	方之光	龚 云
	135	青年运动史话	郭贵儒	
	136	妇女运动史话	刘 红	刘光永
	137	土地改革史话	董志凯	陈廷煊
	138	买办史话	潘君祥	顾柏荣
	139	四大家族史话	江绍贞	
	140	汪伪政权史话	闻少华	
	141	伪满洲国史话	齐福霖	
近代经济生活系列（17种）	142	人口史话	姜 涛	
	143	禁烟史话	王宏斌	
	144	海关史话	陈霞飞	蔡渭洲
	145	铁路史话	龚 云	
	146	矿业史话	纪 辛	
	147	航运史话	张后铨	
	148	邮政史话	修晓波	
	149	金融史话	陈争平	
	150	通货膨胀史话	郑起东	
	151	外债史话	陈争平	
	152	商会史话	虞和平	
	153	农业改进史话	章 楷	
	154	民族工业发展史话	徐建生	
	155	灾荒史话	刘仰东	夏明方
	156	流民史话	池子华	
	157	秘密社会史话	刘才赋	
	158	旗人史话	刘小萌	

系列名	序号	书名	作者	
近代中外关系系列（13种）	159	西洋器物传入中国史话	隋元芬	
	160	中外不平等条约史话	李育民	
	161	开埠史话	杜语	
	162	教案史话	夏春涛	
	163	中英关系史话	孙庆	
	164	中法关系史话	葛夫平	
	165	中德关系史话	杜继东	
	166	中日关系史话	王建朗	
	167	中美关系史话	陶文钊	
	168	中俄关系史话	薛衔天	
	169	中苏关系史话	黄纪莲	
	170	华侨史话	陈民 任贵祥	
	171	华工史话	董丛林	
近代精神文化系列（18种）	172	政治思想史话	朱志敏	
	173	伦理道德史话	马勇	
	174	启蒙思潮史话	彭平一	
	175	三民主义史话	贺渊	
	176	社会主义思潮史话	张武 张艳国 喻承久	
	177	无政府主义思潮史话	汤庭芬	
	178	教育史话	朱从兵	
	179	大学史话	金以林	
	180	留学史话	刘志强 张学继	
	181	法制史话	李力	
	182	报刊史话	李仲明	
	183	出版史话	刘俐娜	

系列名	序号	书名	作者
近代精神文化系列（18种）	184	科学技术史话	姜 超
	185	翻译史话	王晓丹
	186	美术史话	龚产兴
	187	音乐史话	梁茂春
	188	电影史话	孙立峰
	189	话剧史话	梁淑安
近代区域文化系列（11种）	190	北京史话	果鸿孝
	191	上海史话	马学强　宋钻友
	192	天津史话	罗澍伟
	193	广州史话	张 磊　张 苹
	194	武汉史话	皮明庥　郑自来
	195	重庆史话	隗瀛涛　沈松平
	196	新疆史话	王建民
	197	西藏史话	徐志民
	198	香港史话	刘蜀永
	199	澳门史话	邓开颂　陆晓敏　杨仁飞
	200	台湾史话	程朝云

《中国史话》主要编辑
出版发行人

总　策　划	谢寿光	王　正	
执行策划	杨　群	徐思彦	宋月华
	梁艳玲	刘晖春	张国春
统　　筹	黄　丹	宋淑洁	
设计总监	孙元明		
市场推广	蔡继辉	刘德顺	李丽丽
责任印制	郭　妍	岳　阳